The Clementine Liturgy

Analecta Gorgiana

168

Series Editor
George Kiraz

Analecta Gorgiana is a collection of long essays and short monographs which are consistently cited by modern scholars but previously difficult to find because of their original appearance in obscure publications. Carefully selected by a team of scholars based on their relevance to modern scholarship, these essays can now be fully utilized by scholars and proudly owned by libraries.

The Clementine Liturgy

Antient Liturgies

C. E. Hammond

gorgias press

2009

Gorgias Press LLC, 180 Centennial Ave., Piscataway, NJ, 08854, USA

www.gorgiaspress.com

Copyright © 2009 by Gorgias Press LLC

Originally published in 1878

All rights reserved under International and Pan-American Copyright Conventions. No part of this publication may be reproduced, stored in a retrieval system or transmitted in any form or by any means, electronic, mechanical, photocopying, recording, scanning or otherwise without the prior written permission of Gorgias Press LLC.

2009

ISBN 978-1-60724-183-6

ISSN 1935-6854

This book is an extract of C. E. Hammond, *Antient Liturgies*, London: Macmillan, 1878.

Printed in the United States of America

§ i. *The Clementine Liturgy.*

A THOROUGH discussion of this Liturgy, and of the questions that arise in connexion with it, would exceed the space at our disposal[1]. It is by far the most interesting Liturgical document that we possess, for the light it throws upon the history and growth of Liturgical development, and well repays any amount of study bestowed upon it. The conclusion which we would commend to our readers is that, taken together with the supplementary account in Bk. ii. of the Apostolical Constitutions (see below p. 23), it represents fairly the pre-Constantinian Liturgy of about the middle of the 3rd century. We have printed it below in the first Group, because in the order of its parts it agrees with the characteristics of that Group; and it has been commonly received as belonging to the early Church at Jerusalem. But there are strong reasons for believing it to represent a stage of liturgical growth that extended far beyond the limits of Palestine or Syria. Its agreement with the Liturgy described by Justin Martyr is very remarkable. This description is so valuable in itself, as the earliest detailed account of the Eucharistic service, of the date of which we are certain, that we give it in full. It is to be found in his

Sidenotes: Represents the Liturgy of the third century. Reasons. 1. Its agreement with Justin Martyr's description.

[1] Probst, 'Liturgie der drei ersten christlichen Jahrhunderte' (Tübingen, 1870), and Bickell, 'Messe und Pascha' (Mainz, 1872), contain very valuable investigations upon this Liturgy.

Introduction. xxxix

First Apology, which was written most probably at the end of A. D. 138 or beginning of 139.

Ἡμεῖς δὲ μετὰ τὸ οὕτως λοῦσαι τὸν πεπεισμένον καὶ συγκατατεθειμένον ἐπὶ τοὺς λεγομένους ἀδελφοὺς ἄγομεν, ἔνθα συνηγμένοι εἰσί, κοινὰς εὐχὰς ποιησόμενοι ὑπέρ τε ἑαυτῶν καὶ τοῦ φωτισθέντος καὶ ἄλλων πανταχοῦ πάντων εὐτόνως, ὅπως καταξιωθῶμεν τὰ ἀληθῆ μαθόντες καὶ δι' ἔργων ἀγαθοὶ πολιτευταὶ καὶ φύλακες τῶν ἐντεταλμένων εὑρεθῆναι, ὅπως τὴν αἰώνιον σωτηρίαν σωθῶμεν. Ἀλλήλους φιλήματι ἀσπαζόμεθα παυσάμενοι τῶν εὐχῶν. Ἔπειτα προσφέρεται τῷ προεστῶτι τῶν ἀδελφῶν ἄρτος καὶ ποτήριον ὕδατος καὶ κράματος, καὶ οὗτος λαβὼν αἶνον καὶ δόξαν τῷ πατρὶ τῶν ὅλων διὰ τοῦ ὀνόματος τοῦ υἱοῦ καὶ τοῦ πνεύματος τοῦ ἁγίου ἀναπέμπει καὶ εὐχαριστίαν ὑπὲρ τοῦ κατηξιῶσθαι τούτων παρ' αὐτοῦ ἐπὶ πολὺ ποιεῖται· οὗ συντελέσαντος τὰς εὐχὰς καὶ τὴν εὐχαριστίαν πᾶς ὁ παρὼν λαὸς ἐπευφημεῖ λέγων. Ἀμήν. Τὸ δὲ ἀμὴν τῇ Ἑβραΐδι φωνῇ τὸ γένοιτο σημαίνει. Εὐχαριστήσαντος δὲ τοῦ προεστῶτος καὶ ἐπευφημήσαντος παντὸς τοῦ λαοῦ οἱ καλούμενοι παρ' ἡμῖν διάκονοι διδόασιν ἑκάστῳ τῶν παρόντων μεταλαβεῖν ἀπὸ τοῦ εὐχαριστηθέντος ἄρτου καὶ οἴνου καὶ ὕδατος, καὶ τοῖς οὐ παροῦσιν ἀποφέρουσι.

Καὶ ἡ τροφὴ αὕτη καλεῖται παρ' ἡμῖν εὐχαριστία, ἧς οὐδενὶ ἄλλῳ μετασχεῖν ἐξόν ἐστιν, ἢ τῷ πιστεύοντι ἀληθῆ εἶναι τὰ δεδιδαγμένα ὑφ' ἡμῶν, καὶ λουσαμένῳ τὸ ὑπὲρ ἀφέσεως ἁμαρτιῶν καὶ εἰς ἀναγέννησιν λουτρόν, καὶ οὕτως βιοῦντι ὡς ὁ Χριστὸς παρέδωκεν. Οὐ γὰρ ὡς κοινὸν ἄρτον οὐδὲ κοινὸν πόμα ταῦτα λαμβάνομεν, ἀλλ' ὃν τρόπον διὰ λόγου Θεοῦ σαρκοποιηθεὶς Ἰησοῦς Χριστὸς ὁ σωτὴρ ἡμῶν καὶ σάρκα καὶ αἷμα ὑπὲρ σωτηρίας ἡμῶν ἔσχεν, οὕτως καὶ τὴν δι' εὐχῆς λόγου τοῦ παρ' αὐτοῦ εὐχαριστηθεῖσαν τροφήν, ἐξ ἧς αἷμα καὶ σάρκες κατὰ μεταβολὴν τρέφονται ἡμῶν, ἐκείνου τοῦ σαρκοποιηθέντος Ἰησοῦ καὶ σάρκα καὶ αἷμα ἐδιδάχθημεν εἶναι. Οἱ γὰρ ἀπόστολοι ἐν τοῖς γενομένοις ὑπ' αὐτῶν ἀπομνημονεύμασιν, ἃ καλεῖται εὐαγγέλια, οὕτως παρέδωκαν ἐντετάλθαι αὐτοῖς τὸν Ἰησοῦν, λαβόντα ἄρτον εὐχαριστήσαντα εἰπεῖν· Τοῦτο ποιεῖτε εἰς τὴν ἀνάμνησίν μου, τουτέστι τὸ σῶμά μου· καὶ τὸ ποτήριον ὁμοίως λαβόντα καὶ εὐχαριστήσαντα εἰπεῖν· Τοῦτό ἐστι αἷμά μου, καὶ μόνοις αὐτοῖς μεταδοῦναι. Ὅπερ καὶ ἐν τοῖς τοῦ Μίθρα μυστηρίοις παρέδωκαν γίνεσθαι μιμησάμενοι οἱ πονηροὶ δαίμονες· ὅτι γὰρ ἄρτος καὶ ποτήριον ὕδατος τίθεται ἐν ταῖς τοῦ μυουμένου τελεταῖς μετ' ἐπιλόγων τινῶν, ἢ ἐπίστασθε ἢ μαθεῖν δύνασθε.

Ἡμεῖς δὲ μετὰ ταῦτα λοιπὸν ἀεὶ τούτων ἀλλήλους ἀναμιμνήσκομεν· καὶ οἱ ἔχοντες τοῖς λειπομένοις πᾶσιν ἐπικουροῦμεν, καὶ σύνεσμεν ἀλλήλοις ἀεί. Ἐπὶ πᾶσί τε οἷς προσφερόμεθα εὐλογοῦμεν τὸν ποιητὴν τῶν πάντων διὰ τοῦ υἱοῦ αὐτοῦ Ἰησοῦ Χριστοῦ καὶ διὰ πνεύματος τοῦ ἁγίου. Καὶ τῇ τοῦ ἡλίου λεγομένῃ ἡμέρᾳ πάντων κατὰ πόλεις ἢ ἀγροὺς μενόντων ἐπὶ τὸ αὐτὸ συνέλευσις γίνεται, καὶ τὰ ἀπομνημονεύματα τῶν ἀποστόλων ἢ τὰ συγγράμματα τῶν προφητῶν ἀναγινώσκεται μέχρις ἐγχωρεῖ. Εἶτα παυσαμένου τοῦ ἀναγινώσκοντος ὁ προεστὼς διὰ λόγου τὴν νουθεσίαν καὶ πρόκλησιν τῆς τῶν καλῶν τούτων μιμήσεως ποιεῖται. Ἔπειτα ἀνιστάμεθα κοινῇ πάντες καὶ εὐχὰς πέμπομεν. Καί, ὡς προέφημεν, παυσαμένων ἡμῶν τῆς εὐχῆς ἄρτος προσφέρεται

Introduction.

καὶ οἶνος καὶ ὕδωρ, καὶ ὁ προεστὼς εὐχὰς ὁμοίως καὶ εὐχαριστίας, ὅση δύναμις αὐτῷ, ἀναπέμπει καὶ ὁ λαὸς ἐπευφημεῖ λέγων τὸ ἀμήν· καὶ ἡ διάδοσις καὶ ἡ μετάληψις ἀπὸ τῶν εὐχαριστηθέντων ἑκάστῳ γίνεται, καὶ τοῖς οὐ παροῦσι διὰ τῶν διακόνων πέμπεται. Οἱ εὐποροῦντες δὲ καὶ βουλόμενοι κατὰ προαίρεσιν ἕκαστος τὴν ἑαυτοῦ ὃ βούλεται δίδωσι, καὶ τὸ συλλεγόμενον παρὰ τῷ προεστῶτι ἀποτίθεται, καὶ αὐτὸς ἐπικουρεῖ ὀρφανοῖς τε καὶ χήραις, καὶ τοῖς διὰ νόσον ἢ δι' ἄλλην αἰτίαν λειπομένοις, καὶ τοῖς ἐν δεσμοῖς οὖσι, καὶ τοῖς παρεπιδήμοις οὖσι ξένοις, καὶ ἁπλῶς πᾶσι τοῖς ἐν χρείᾳ οὖσι κηδεμὼν γίνεται. Τὴν δὲ τοῦ ἡλίου ἡμέραν κοινῇ πάντες τὴν συνέλευσιν ποιούμεθα, ἐπειδὴ πρώτη ἐστὶν ἡμέρα, ἐν ᾗ ὁ θεὸς τὸ σκότος καὶ τὴν ὕλην τρέψας κόσμον ἐποίησε, καὶ Ἰησοῦς Χριστὸς ὁ ἡμέτερος σωτὴρ τῇ αὐτῇ ἡμέρᾳ ἐκ νεκρῶν ἀνέστη. τῇ γὰρ πρὸ τῆς κρονικῆς ἐσταύρωσαν αὐτὸν καὶ τῇ μετὰ τὴν κρονικήν, ἥτις ἐστὶν ἡλίου ἡμέρα, φανεὶς τοῖς ἀποστόλοις αὐτοῦ καὶ μαθηταῖς ἐδίδαξε ταῦτα, ἅπερ εἰς ἐπίσκεψιν καὶ ὑμῖν ἀνεδώκαμεν.

It must be remembered that Justin Martyr was at this time apparently living at Rome, and that he was writing a defence of his fellow-Christians to the Roman people, addressed to the Emperor Antoninus Pius. It is at least then more probable that he should describe the service used by the Christians at Rome, than that used in a distant province; unless of course the two were identical, or nearly so. Now in his account there are nine distinct points mentioned, with all of which *in their order* the Clementine Liturgy exactly corresponds. These are:—

1. Lections, from the *Old* and New Testaments.
2. Sermon.
3. Prayers for all estates of men (said by all).
4. The Kiss of Peace.
5. Oblation of the Elements.
6. Very long (ἐπὶ πολύ) Thanksgiving.
7. Consecration, with the Words of Institution.
8. Intercession said by the Celebrant, all the people responding 'Amen.'
9. Communion.

Justin Martyr also seems to imply something like, at any rate, the first beginning of penitential discipline in the words οὐδενὶ ἄλλῳ μετασχεῖν ἐξόν ἐστιν ἢ τῷ πιστεύοντι ... καὶ οὕτως βιοῦντι ὡς ὁ Χριστὸς παρέδωκεν. It surely is no stretch of probability to see in this description exactly the service which a century later

Introduction.

would emerge in a little more definite form just like the Clementine Liturgy. There are liturgical notices in other early writers of various countries all consistent with the hypothesis of a Liturgy of similar type.

We do not however mean to imply that[1] 'an absolute uniformity of ritual prevailed in all Churches before the liturgical revision of the 4th century. No doubt from that time a clear and striking divergence of particular rites shewed itself, while in particular Church-provinces sometimes abbreviations and sometimes additions were made in different ways, which afterwards naturally remained as peculiarities of the local rite: but those local differences in the Liturgies were already in existence, at least in germ, in the first three centuries; though what was common to all predominated incomparably.' *Divergence of Liturgies.*

As compared with other Liturgies, the Clementine has in full what in them has been reduced to the proclamation of the Deacon, viz. the elaborate form of dismissing the Catechumens, Energumens, and Penitents. This tells of a time when that discipline was in full force. *2. Its fulness of dismissal-forms,*

It has also a very elaborate[2] Preface, detailing at length the grounds of thankfulness to God for all His dealings with men, Creation, Preservation, Moral Guidance, etc., and finally the Scheme of Redemption through Christ. In the later Liturgies all this has been much abbreviated. This again points to a time before the Church's round of festival and holy-day had been elaborated; for then the general grounds of thanksgiving ceased to be enumerated in detail, and were only indicated in a general formula, while the special grounds appropriate to the occasion were commemorated by special additions to the service—in the East by Lections and Anthems only, in the West *and elaborate Preface.*

---

[1] Cf. 'Messe und Pascha,' p. 23.

[2] We would ask anyone who may think that the style of this Preface is unsuitable to such a date as is here assigned to the Liturgy, to compare it with the 3rd chapter of the Second Book of Esdras, or with 1 Ep. S. Clem. ad Cor. c. xx, or, still better, with the newly-discovered chapters of that Epistle, lix–lxi, both of which writings belong to the first century, or with the Ep. ad Diogn. cc. vii–ix.

xlii *Introduction.*

by that glorious wealth of special Collects and Prefaces, to which we have already alluded.

3. Its deficiencies.

The deficiencies of this Liturgy as compared with the rest points in the same direction. It has no introductory Prayers and Hymns, but opens at once with the Lections. There is no Creed. No Prayer accompanies the Kiss of Peace. No stated Prayer is said at the (second) Oblation, though there are directions for a secret prayer (p. 11, εὐξάμενος καθ᾽ ἑαυτόν). There are no directions for the Fraction and its accompanying rites, though the place of them is indicated by the recitation of the Litany by the Deacon after the Intercession of the Priest (p. 20). Incense is not mentioned. The absence of the Lord's Prayer is a problem for which no satisfactory solution has yet been suggested.

4. Other internal evidence.

Other marks which on the whole seem to point to the period above assigned as the true one are, the prayer for persecuting emperors (pp. 9, 18, 20), the titles of, and mode of enumerating, the different lower orders of the clergy and others, the comparative simplicity of the plan of the whole service, the free and rather lengthy diction of the prayers, and the somewhat inexact theological terminology.

Brevity not always a mark of antiquity.

It is sometimes thought that shortness necessarily marks an early rite. But, whatever may have been the case with the Apostolic and Sub-apostolic Liturgy, any theory concerning which must of necessity involve much that is conjectural, this is not quite the conclusion to which we seem led by the actually existing evidence. A truer generalisation appears to be that the tendency of Liturgical development has been towards *a shortening of the separate parts along with a multiplication of the parts:* in other words, towards shorter prayers and greater elaborateness of ritual.

The Apostolical Constitutions.

The Clementine [1]Liturgy is found incorporated in the Eighth Book of the Apostolical Constitutions, the work of an anony-

[1] We keep this name for the Liturgy, as being attached to it by inveterate use. It is, however, an unfortunate one, and arose from the fact that the Apostolical Constitutions are in their Greek title attributed to S. Clement.

mous writer, the sources and date of which have been, and still are, matters of controversy. It is in fact a treatise on the duties of the Christian life in its different spheres, public and private, religious and social. The directions given are put into the mouths of the Apostles: but the order is confused, and there is much tautology. The work as it stands was probably compiled in the fifth century, or thereabouts, out of at least three previously existing treatises. Much of the material, including the liturgical forms, is certainly older than the date of the compilation.

The text we have followed is that of Ültzen (1853); only two or three verbal changes being introduced here and there, to change the language of a rubric from being a personal direction given by an Apostle into the usual form: and the paragraphs, which in the German text run on continuously, being broken up to exhibit to the eye the Liturgical form. *The Text used.*

We may advert to one advantage which has accrued from this mode of transmission of the Clementine Liturgy; viz. that, being incorporated in a literary document, it is free from any suspicion of having undergone interpolation, either in doctrine or ritual. *An advantage from the mode of transmission.*

There is also an argument for its antiquity drawn from the same source not to be passed over, namely, that the Compiler of the Apostolical Constitutions, putting his materials forward as the injunctions of the Apostles themselves, could not have put into their mouths a Liturgy which he himself had composed (which is one theory); or even a recent form. It must have been a form which in his time was already venerable and widely current.

LITURGIA CLEMENTINA.

(CONSTITT. APOST. LIB. VIII. CAP. V. 5 — XV. 4,
ED. UELTZEN, 1853.)

ΚΑΙ τῇ ἕωθεν ἐνθρονιζέσθω εἰς τὸν αὐτῷ διαφέροντα τόπον παρὰ τῶν **Missa**
λοιπῶν ἐπισκόπων, πάντων αὐτὸν φιλησάντων τῷ ἐν Κυρίῳ φιλήματι. **Catechu-**
Καὶ μετὰ τὴν ἀνάγνωσιν τοῦ νόμου καὶ τῶν προφητῶν, τῶν τε ἐπιστολῶν **menorum.**
καὶ τῶν πράξεων καὶ τῶν εὐαγγελίων, ἀσπασάσθω ὁ χειροτονηθεὶς τὴν
ἐκκλησίαν, λέγων·

Ἡ χάρις τοῦ Κυρίου ἡμῶν Ἰησοῦ Χριστοῦ, ἡ ἀγάπη τοῦ Θεοῦ καὶ I.
Πατρὸς καὶ ἡ κοινωνία τοῦ ἁγίου Πνεύματος μετὰ πάντων ὑμῶν. Benediction. 2 Cor. xiii. 13.

Καὶ πάντες ἀποκρινέσθωσαν·
Καὶ μετὰ τοῦ πνεύματός σου.

Καὶ μετὰ τὴν πρόσρησιν προσλαλησάτω τῷ λαῷ λόγους παρακλήσεως.
Καὶ πληρώσαντος αὐτοῦ τὸν τῆς διδασκαλίας λόγον, ἀναστάντων ἁπάντων,
ὁ διάκονος ἐφ' ὑψηλοῦ τινος ἀνελθὼν κηρυττέτω·

Μή τις τῶν ἀκροωμένων· μή τις τῶν ἀπίστων.

Καὶ ἡσυχίας γενομένης λεγέτω·
Εὔξασθε, οἱ κατηχούμενοι.   II.

Καὶ πάντες οἱ πιστοὶ κατὰ διάνοιαν ὑπὲρ αὐτῶν προσευχέσθωσαν, Dismissal of
λέγοντες· the Catechumens.
Κύριε ἐλέησον.

Διακονείτω δὲ ὑπὲρ αὐτῶν, λέγων·
Ὑπὲρ τῶν κατηχουμένων πάντες τὸν Θεὸν παρακαλέσωμεν, **a**
ἵνα ὁ ἀγαθὸς [καὶ] φιλάνθρωπος εὐμενῶς εἰσακούσῃ τῶν δεή- *Bidding Prayer*
σεων αὐτῶν καὶ τῶν παρακλήσεων, καὶ προσδεξάμενος αὐτῶν [διὰ προσφω-
τὴν ἱκεσίαν ἀντιλάβηται αὐτῶν καὶ δῷ αὐτοῖς τὰ αἰτήματα νήσεως].
τῶν καρδιῶν αὐτῶν πρὸς τὸ συμφέρον, ἀποκαλύψῃ αὐτοῖς τὸ

B 2

Clementine Liturgy.

II. a εὐαγγέλιον τοῦ Χριστοῦ αὐτοῦ, φωτίσῃ αὐτοὺς καὶ συνετίσῃ, παιδεύσῃ αὐτοὺς τὴν θεογνωσίαν, διδάξῃ αὐτοὺς τὰ προστάγματα αὐτοῦ καὶ τὰ δικαιώματα, ἐγκαταφυτεύσῃ ἐν αὐτοῖς τὸν ἁγνὸν αὐτοῦ καὶ σωτήριον φόβον, διανοίξῃ τὰ ὦτα τῶν καρδιῶν αὐτῶν

Cf. Ps. i. 2. πρὸς τὸ ἐν τῷ νόμῳ αὐτοῦ καταγίνεσθαι ἡμέρας καὶ νυκτός· βεβαιώσῃ δὲ αὐτοὺς ἐν τῇ εὐσεβείᾳ, ἑνώσῃ καὶ ἐγκαταριθμήσῃ αὐτοὺς τῷ ἁγίῳ αὐτοῦ ποιμνίῳ, καταξιώσας αὐτοὺς τοῦ λουτροῦ τῆς παλιγγενεσίας, τοῦ ἐνδύματος τῆς ἀφθαρσίας, τῆς ὄντως ζωῆς· ῥύσηται δὲ αὐτοὺς ἀπὸ πάσης ἀσεβείας, καὶ μὴ δῷ τόπον

2 Cor. vii. 1. τῷ ἀλλοτρίῳ κατ' αὐτῶν, καθαρίσῃ δὲ αὐτοὺς ἀπὸ παντὸς μολυσμοῦ
2 Cor. vi. 16. σαρκὸς καὶ πνεύματος, ἐνοικήσῃ τε ἐν αὐτοῖς καὶ ἐμπεριπατήσῃ
Cf. Ps. cxxi. 8. διὰ τοῦ Χριστοῦ αὐτοῦ· εὐλογήσῃ τὰς εἰσόδους αὐτῶν καὶ τὰς ἐξόδους, καὶ κατευθύνῃ αὐτοῖς τὰ προκείμενα εἰς τὸ συμφέρον.

b Ἔτι ἐκτενῶς ὑπὲρ αὐτῶν ἱκετεύσωμεν, ἵνα ἀφέσεως τυχόντες
Silent Prayer τῶν πλημμελημάτων διὰ τῆς μυήσεως ἀξιωθῶσι τῶν ἁγίων
[διὰ σιωπῆς]. μυστηρίων καὶ τῆς μετὰ τῶν ἁγίων διαμονῆς.

Ἐγείρεσθε, οἱ κατηχούμενοι. Τὴν εἰρήνην τοῦ Θεοῦ διὰ τοῦ Χριστοῦ αὐτοῦ αἰτήσασθε, εἰρηνικὴν τὴν ἡμέραν καὶ ἀναμάρτητον καὶ πάντα τὸν χρόνον τῆς ζωῆς ὑμῶν, χριστιανὰ ὑμῶν τὰ τέλη, ἵλεων καὶ εὐμενῆ τὸν Θεόν, ἄφεσιν πλημμελημάτων. Ἑαυτοὺς τῷ μόνῳ ἀγεννήτῳ Θεῷ διὰ τοῦ Χριστοῦ αὐτοῦ παράθεσθε. Κλίνατε καὶ εὐλογεῖσθε.

Ἐφ' ἑκάστῳ δὲ τούτων, ὧν ὁ διάκονος προσφωνεῖ, ὡς προείπομεν, λεγέτω ὁ λαός· Κύριε ἐλέησον· καὶ πρὸ πάντων τὰ παιδία. Κλινόντων δὲ αὐτῶν τὰς κεφαλάς, εὐλογείτω αὐτοὺς ὁ χειροτονηθεὶς ἐπίσκοπος εὐλογίαν τοιάνδε·

c Ὁ Θεὸς ὁ παντοκράτωρ, ὁ ἀγέννητος καὶ ἀπρόσιτος, ὁ μόνος
The Collect. ἀληθινὸς Θεός, ὁ Θεὸς καὶ πατὴρ τοῦ Χριστοῦ σου τοῦ μονογενοῦς Υἱοῦ σου, ὁ Θεὸς τοῦ Παρακλήτου, καὶ τῶν ὅλων Κύριος· ὁ διὰ Χριστοῦ διδασκάλους τοὺς μαθητὰς ἐπιστήσας πρὸς μάθησιν τῆς εὐσεβείας, αὐτὸς καὶ νῦν ἔπιδε ἐπὶ τοὺς δούλους σου, τοὺς κατηχουμένους τὸ εὐαγγέλιον τοῦ Χριστοῦ σου· καὶ
Ps. li. 10. δὸς αὐτοῖς καρδίαν καινὴν καὶ πνεῦμα εὐθὲς ἐγκαίνισον ἐν τοῖς ἐγκάτοις αὐτῶν, πρὸς τὸ εἰδέναι καὶ ποιεῖν τὸ θέλημά σου, ἐν καρδίᾳ πλήρει καὶ ψυχῇ θελούσῃ· καταξίωσον αὐτοὺς τῆς ἁγίας

Clementine Liturgy. 5

μυήσεως, καὶ ἕνωσον αὐτοὺς τῇ ἁγίᾳ σου ἐκκλησίᾳ, καὶ μετόχους   II. c
ποίησον τῶν θείων μυστηρίων, διὰ Χριστοῦ, τῆς ἐλπίδος ἡμῶν,
τοῦ ὑπὲρ αὐτῶν ἀποθανόντος· δι' οὗ σοι δόξα καὶ τὸ σέβας, ἐν
ἁγίῳ Πνεύματι, εἰς τοὺς αἰῶνας. ἀμήν.

Καὶ μετὰ τοῦτο ὁ διάκονος λεγέτω·
Προέλθετε, οἱ κατηχούμενοι, ἐν εἰρήνῃ.

Καὶ μετὰ τὸ ἐξελθεῖν αὐτοὺς, λεγέτω·   **III.**
Εὔξασθε, οἱ ἐνεργούμενοι ὑπὸ πνευμάτων ἀκαθάρτων.   Dismissal of the Energumens.
Ἐκτενῶς πάντες ὑπὲρ αὐτῶν δεηθῶμεν, ὅπως ὁ φιλάνθρωπος
Θεὸς διὰ Χριστοῦ ἐπιτιμήσῃ τοῖς ἀκαθάρτοις καὶ πονηροῖς πνεύ-   a *The Bidding.*
μασι, καὶ ῥύσηται τοὺς αὐτοῦ ἱκέτας[1] ἀπὸ τῆς τοῦ ἀλλοτρίου
καταδυναστείας· ὁ ἐπιτιμήσας τῷ λεγεῶνι τῶν δαιμόνων καὶ τῷ   Cf. Mark v. 2-16.
ἀρχεκάκῳ διαβόλῳ, ἐπιτιμήσῃ αὐτὸς καὶ νῦν τοῖς ἀποστάταις
τῆς εὐσεβείας, καὶ ῥύσηται τὰ ἑαυτοῦ πλάσματα ἀπὸ τῆς ἐνερ-
γείας αὐτοῦ, καὶ καθαρίσῃ αὐτά, ἃ μετὰ πολλῆς σοφίας ἐποίη-
σεν.

Ἔτι ἐκτενῶς ὑπὲρ αὐτῶν δεηθῶμεν.   b *Silent Prayer.*
Σῶσον καὶ ἀνάστησον αὐτούς, ὁ Θεός, ἐν τῇ δυνάμει σου.
Κλίνατε, οἱ ἐνεργούμενοι, καὶ εὐλογεῖσθε.

Καὶ ὁ ἐπίσκοπος ἐπευχέσθω, λέγων·   c *The Collect.*
Ὁ τὸν ἰσχυρὸν δήσας, καὶ πάντα τὰ σκεύη αὐτοῦ διαρπάσας·   Cf. Mark iii. 27.
ὁ δοὺς ἡμῖν ἐξουσίαν ἐπάνω ὄφεων καὶ σκορπίων πατεῖν, καὶ ἐπὶ   Luke x. 19.
πᾶσαν τὴν δύναμιν τοῦ ἐχθροῦ· ὁ τὸν ἀνθρωποκτόνον ὄφιν δεσ-
μώτην παραδοὺς ἡμῖν, ὡς στρουθίον παιδίοις· ὃν πάντα φρίττει   Job xl. 24.
καὶ τρέμει ἀπὸ προσώπου δυνάμεώς σου· ὁ ῥήξας αὐτὸν ὡς   Luke x. 18.
ἀστραπὴν ἐξ οὐρανοῦ εἰς γῆν, οὐ τοπικῷ ῥήγματι, ἀλλὰ ἀπὸ
τιμῆς εἰς ἀτιμίαν, δι' ἑκούσιον αὐτοῦ κακόνοιαν· οὗ τὸ βλέμμα   2 Esdr. viii. 23.
ξηραίνει ἀβύσσους, καὶ ἡ ἀπειλὴ τήκει ὄρη, καὶ ἡ ἀλήθεια μένει
εἰς τὸν αἰῶνα· ὃν αἰνεῖ τὰ νήπια, καὶ εὐλογεῖ τὰ θηλάζοντα·
ὃν ὑμνοῦσι καὶ προσκυνοῦσιν ἄγγελοι· ὁ ἐπιβλέπων ἐπὶ τὴν γῆν   Ps. civ. 32.
καὶ ποιῶν αὐτὴν τρέμειν· ὁ ἁπτόμενος τῶν ὀρέων, καὶ καπνίζονται·
ὁ ἀπειλῶν θαλάσσῃ καὶ ξηραίνων αὐτήν, καὶ πάντας τοὺς ποταμοὺς   Nahum i. 4, 3.
αὐτῆς ἐξερημῶν· οὗ νεφέλαι κονιορτὸς τῶν ποδῶν· ὁ περιπατῶν
ἐπὶ θαλάσσης, ὡς ἐπ' ἐδάφους· μονογενὴς Θεέ, μεγάλου Πατρὸς

---

[1] al. οἰκέτας.

6 *Clementine Liturgy.*

III. c Ὑιέ, ἐπιτίμησον τοῖς πονηροῖς πνεύμασι, καὶ ῥῦσαι τὰ ἔργα τῶν χειρῶν σου ἐκ τῆς τοῦ ἀλλοτρίου πνεύματος ἐνεργείας· ὅτι σοὶ δόξα, τιμὴ καὶ σέβας, καὶ διὰ σοῦ τῷ σῷ Πατρὶ ἐν ἁγίῳ Πνεύματι, εἰς τοὺς αἰῶνας· ἀμήν.

Καὶ ὁ διάκονος λεγέτω·
Προέλθετε, οἱ ἐνεργούμενοι.

IV. Καὶ μετ' αὐτοὺς προσφωνείτω·

Dismissal of the Competentes. Εὔξασθε, οἱ φωτιζόμενοι.

The Bidding. a Ἐκτενῶς οἱ πιστοὶ πάντες ὑπὲρ αὐτῶν παρακαλέσωμεν, ὅπως ὁ Κύριος καταξιώσῃ αὐτούς, μυηθέντας εἰς τὸν τοῦ Χριστοῦ θάνατον, συναναστῆναι αὐτῷ καὶ μετόχους γενέσθαι τῆς βασιλείας αὐτοῦ, καὶ κοινωνοὺς τῶν μυστηρίων αὐτοῦ· ἑνώσῃ καὶ συγκαταλέξῃ αὐτοὺς μετὰ τῶν σωζομένων ἐν τῇ ἁγίᾳ αὐτοῦ ἐκκλησίᾳ.

Σῶσον καὶ ἀνάστησον αὐτοὺς ἐν τῇ σῇ χάριτι.

Κατασφραγισάμενοι τῷ Θεῷ διὰ τοῦ Χριστοῦ αὐτοῦ, κλίναντες εὐλογείσθωσαν παρὰ τοῦ ἐπισκόπου τήνδε τὴν εὐλογίαν.

The Collect. b Ὁ προειπὼν διὰ τῶν ἁγίων σου προφητῶν τοῖς μυουμένοις·
Is. i. 16. **λούσασθε, καθαροὶ γίνεσθε**· καὶ διὰ τοῦ Χριστοῦ νομοθετήσας τὴν πνευματικὴν ἀναγέννησιν· αὐτὸς καὶ νῦν ἔπιδε ἐπὶ τοὺς βαπτιζομένους, καὶ εὐλόγησον αὐτοὺς καὶ ἁγίασον, καὶ παρασκεύασον ἀξίους γενέσθαι τῆς πνευματικῆς σου δωρεᾶς καὶ τῆς ἀληθινῆς υἱοθεσίας, τῶν πνευματικῶν σου μυστηρίων, τῆς μετὰ τῶν σωζομένων ἐπισυναγωγῆς, διὰ Χριστοῦ τοῦ σωτῆρος ἡμῶν· δι' οὗ σοι δόξα, τιμὴ καὶ σέβας ἐν ἁγίῳ Πνεύματι, εἰς τοὺς αἰῶνας· ἀμήν.

Καὶ λεγέτω ὁ διάκονος·
Προέλθετε, οἱ φωτιζόμενοι.

V. Καὶ μετὰ τοῦτο κηρυττέτω·

Dismissal of the Penitents. Εὔξασθε, οἱ ἐν τῇ μετανοίᾳ.

The Bidding. a Ἐκτενῶς πάντες ὑπὲρ τῶν ἐν μετανοίᾳ ἀδελφῶν παρακαλέσωμεν, ὅπως ὁ φιλοικτίρμων Θεὸς ὑποδείξῃ αὐτοῖς ὁδὸν μετανοίας, προσδέξηται αὐτῶν τὴν παλινῳδίαν καὶ τὴν ἐξομολόγησιν,
Rom. xvi. 20. **καὶ συντρίψῃ τὸν Σατανᾶν ὑπὸ τοὺς πόδας αὐτῶν ἐν τάχει**, καὶ
2 Tim. ii. 26. **λυτρώσηται αὐτοὺς ἀπὸ τῆς παγίδος τοῦ διαβόλου** καὶ τῆς

Clementine Liturgy. 7

ἐπηρείας τῶν δαιμόνων, καὶ ἐξέληται αὐτοὺς ἀπὸ παντὸς ἀθε- V. a
μίτου λόγου, καὶ πάσης ἀτόπου πράξεως, καὶ πονηρᾶς ἐννοίας·
συγχωρήσῃ δὲ αὐτοῖς πάντα τὰ παραπτώματα αὐτῶν, τά τε
ἑκούσια καὶ τὰ ἀκούσια, καὶ **ἐξαλείψῃ τὸ κατ' αὐτῶν χειρόγραφον**, Col. ii. 14.
καὶ ἐγγράψηται αὐτοὺς ἐν βίβλῳ ζωῆς· **καθάρῃ δὲ αὐτοὺς ἀπὸ** 2 Cor. vii. 1.
παντὸς μολυσμοῦ σαρκὸς καὶ πνεύματος, καὶ ἑνώσῃ αὐτοὺς ἀπο-
καταστήσας εἰς τὴν ἁγίαν αὐτοῦ ποίμνην· ὅτι αὐτὸς γινώσκει τὸ
πλάσμα ἡμῶν· ὅτι τίς καυχήσεται ἁγνὴν ἔχειν καρδίαν; ἢ τίς Prov. xx. 9.
παρρησιάσεται **καθαρὸς εἶναι ἀπὸ ἁμαρτίας; πάντες γάρ ἐσμεν** Ecclus. viii.
ἐν ἐπιτιμίοις. Ἔτι ὑπὲρ αὐτῶν ἐκτενέστερον δεηθῶμεν, ὅτι 5.
χαρὰ γίνεται ἐν οὐρανῷ ἐπὶ ἑνὶ ἁμαρτωλῷ μετανοοῦντι, ὅπως ἀπο- Luke xv. 7.
στραφέντες πᾶν ἔργον ἀθέμιτον προσοικειωθῶσι πάσῃ πράξει
ἀγαθῇ, ἵνα ὁ φιλάνθρωπος Θεὸς ᾖ τάχος, εὐμενῶς προσδεξάμενος
αὐτῶν τὰς λιτάς, ἀποκαταστήσῃ αὐτοῖς εἰς τὴν προτέραν ἀξίαν,
καὶ **ἀποδώσῃ αὐτοῖς τὴν ἀγαλλίασιν τοῦ σωτηρίου, καὶ πνεύματι** Ps. li. 12, 14.
ἡγεμονικῷ στηρίξῃ αὐτούς, ἵνα μηκέτι **σαλευθῶσι τὰ διαβήματα** Ps. xvii. 5.
αὐτῶν, ἀλλὰ καταξιωθῶσι κοινωνοὶ γενέσθαι τῶν ἁγίων αὐτοῦ
ἱερῶν, καὶ μέτοχοι τῶν θείων μυστηρίων· ἵνα, ἄξιοι ἀποφαν-
θέντες τῆς υἱοθεσίας, τύχωσι τῆς αἰωνίου ζωῆς.

Ἔτι ἐκτενῶς πάντες ὑπὲρ αὐτῶν εἴπωμεν· Κύριε ἐλέησον· b
Σῶσον αὐτούς, ὁ Θεός, καὶ ἀνάστησον τῷ ἐλέει σου. Silent Prayer.

Ἀναστάντες τῷ Θεῷ διὰ τοῦ Χριστοῦ αὐτοῦ κλίνατε καὶ
εὐλογεῖσθε.

Ἐπευχέσθω οὖν ὁ ἐπίσκοπος τοιάδε·

Παντοκράτορ Θεὲ αἰώνιε, δέσποτα τῶν ὅλων, κτίστα καὶ c
πρύτανι τῶν πάντων, ὁ τὸν ἄνθρωπον κόσμον κόσμου ἀναδείξας The Collect.
διὰ Χριστοῦ, καὶ νόμον δοὺς αὐτῷ ἔμφυτον καὶ γραπτὸν πρὸς τὸ
ζῆν αὐτὸν ἐνθέσμως, ὡς λογικόν· καὶ ἁμαρτόντι ὑποθήκην δοὺς
πρὸς μετάνοιαν τὴν σαυτοῦ ἀγαθότητα· ἔπιδε ἐπὶ τοὺς κεκλικότας
σοι αὐχένα ψυχῆς καὶ σώματος· ὅτι οὐ βούλει τὸν θάνατον τοῦ Cf. Ezek.
ἁμαρτωλοῦ, ἀλλὰ τὴν μετάνοιαν, ὥστε **ἀποστρέψαι αὐτὸν ἀπὸ τῆς** xviii. 23.
ὁδοῦ αὐτοῦ τῆς πονηρᾶς, καὶ ζῆν. Ὁ Νινευϊτῶν προσδεξάμενος
τὴν μετάνοιαν· ὁ θέλων **πάντας ἀνθρώπους σωθῆναι, καὶ εἰς ἐπίγνω-** 1 Tim. ii. 4.
σιν ἀληθείας ἐλθεῖν· ὁ τὸν υἱὸν προσδεξάμενος, τὸν καταφαγόντα Cf. Luke xv.
τὸν βίον αὐτοῦ ἀσώτως, πατρικοῖς σπλάγχνοις διὰ τὴν μετάνοιαν· 30, 31.

V. c

2 Chron. vi. 36.
Ps. cxxx. 3, 4.

αὐτὸς καὶ νῦν πρόσδεξαι τῶν ἱκετῶν σου τὴν μετάγνωσιν· ὅτι οὐκ ἔστιν ὃς οὐχ ἁμαρτήσεταί σοι· ἐὰν γὰρ ἀνομίας παρατηρήσῃ, Κύριε, Κύριε, τίς ὑποστήσεται; ὅτι παρὰ σοὶ ὁ ἱλασμός ἐστι· καὶ ἀποκατάστησον αὐτοὺς τῇ ἁγίᾳ σου ἐκκλησίᾳ ἐν τῇ προτέρᾳ ἀξίᾳ καὶ τιμῇ, διὰ τοῦ Χριστοῦ, τοῦ Θεοῦ καὶ σωτῆρος ἡμῶν· δι' οὗ σοι δόξα καὶ προσκύνησις, ἐν τῷ ἁγίῳ Πνεύματι, εἰς τοὺς αἰῶνας· ἀμήν.

Καὶ ὁ διάκονος λεγέτω·

Ἀπολύεσθε, οἱ ἐν μετανοίᾳ.

Missa Fidelium.

Καὶ προστιθέτω·

VI. a

Deacon's Litany, or Bidding Prayer.

Μήτις τῶν μὴ δυναμένων προελθέτω[1]· ὅσοι πιστοὶ κλίνωμεν γόνυ. Δεηθῶμεν τοῦ Θεοῦ διὰ τοῦ Χριστοῦ αὐτοῦ. Πάντες συντόνως τὸν Θεὸν διὰ τοῦ Χριστοῦ αὐτοῦ παρακαλέσωμεν.

Ὑπὲρ τῆς εἰρήνης καὶ τῆς εὐσταθείας τοῦ κόσμου καὶ τῶν ἁγίων ἐκκλησιῶν δεηθῶμεν ὅπως ὁ τῶν ὅλων Θεὸς ἀΐδιον καὶ ἀναφαίρετον τὴν ἑαυτοῦ εἰρήνην ἡμῖν παράσχοιτο, ἵνα ἐν πληροφορίᾳ τῆς κατ' εὐσέβειαν ἀρετῆς διατελοῦντας ἡμᾶς συντηρήσῃ.

Ὑπὲρ τῆς ἁγίας καθολικῆς καὶ ἀποστολικῆς ἐκκλησίας τῆς ἀπὸ περάτων ἕως περάτων δεηθῶμεν· ὅπως ὁ Κύριος ἄσειστον αὐτὴν καὶ ἀκλυδώνιστον διαφυλάξῃ καὶ διατηρήσῃ μέχρι τῆς

Matt. vii. 25.

συντελείας τοῦ αἰῶνος, τεθεμελιωμένην ἐπὶ τὴν πέτραν.

Καὶ ὑπὲρ τῆς ἐνθάδε ἁγίας παροικίας δεηθῶμεν· ὅπως καταξιώσῃ ἡμᾶς ὁ τῶν ὅλων Κύριος ἀνενδότως τὴν ἐπουράνιον αὐτοῦ ἐλπίδα μεταδιώκειν, καὶ ἀδιάλειπτον αὐτῷ τῆς δεήσεως ἀποδιδόναι τὴν ὀφειλήν.

Ὑπὲρ πάσης ἐπισκοπῆς τῆς ὑπὸ τὸν οὐρανὸν τῶν ὀρθοτομούντων τὸν λόγον τῆς σῆς ἀληθείας δεηθῶμεν· καὶ ὑπὲρ τοῦ ἐπισκόπου ἡμῶν Ἰακώβου καὶ τῶν παροικιῶν αὐτοῦ δεηθῶμεν· ὑπὲρ τοῦ ἐπισκόπου ἡμῶν Κλήμεντος καὶ τῶν παροικιῶν αὐτοῦ δεηθῶμεν· ὑπὲρ τοῦ ἐπισκόπου ἡμῶν Εὐοδίου καὶ τῶν παροικιῶν δεηθῶμεν· ὅπως ὁ οἰκτίρμων Θεὸς χαρίσηται αὐτοὺς ταῖς ἁγίαις αὐτοῦ ἐκκλησίαις σώους, ἐντίμους, μακροημερεύοντας, καὶ τίμιον αὐτοῖς τὸ γῆρας παράσχηται ἐν εὐσεβείᾳ καὶ δικαιοσύνῃ.

---

[1] al. προσελθέτω.

Clementine Liturgy. 9

Καὶ ὑπὲρ τῶν πρεσβυτέρων ἡμῶν δεηθῶμεν· ὅπως ὁ Κύριος VI. a
ῥύσηται αὐτοὺς ἀπὸ παντὸς ἀτόπου καὶ πονηροῦ πράγματος, καὶ
σῶον καὶ ἔντιμον τὸ πρεσβυτέριον αὐτοῖς παράσχοι.

Ὑπὲρ πάσης τῆς ἐν Χριστῷ διακονίας καὶ ὑπηρεσίας δεηθῶμεν,
ὅπως ὁ Κύριος ἄμεμπτον τὴν διακονίαν αὐτοῖς παράσχηται.

Ὑπὲρ ἀναγνωστῶν, ψαλτῶν, παρθένων, χηρῶν τε καὶ ὀρφανῶν
δεηθῶμεν, ὑπὲρ τῶν ἐν συζυγίαις καὶ τεκνογονίαις δεηθῶμεν,
ὅπως ὁ Κύριος τοὺς πάντας αὐτοὺς ἐλεήσῃ.

Ὑπὲρ εὐνούχων ὁσίως πορευομένων δεηθῶμεν· ὑπὲρ τῶν ἐν
ἐγκρατείᾳ καὶ εὐλαβείᾳ δεηθῶμεν.

Ὑπὲρ τῶν καρποφορούντων ἐν τῇ ἁγίᾳ ἐκκλησίᾳ καὶ ποιούντων
τοῖς πένησι τὰς ἐλεημοσύνας δεηθῶμεν· καὶ ὑπὲρ τῶν τὰς θυσίας
καὶ τὰς ἀπαρχὰς προσφερόντων Κυρίῳ τῷ Θεῷ ἡμῶν δεηθῶμεν·
ὅπως ὁ πανάγαθος Θεὸς ἀμείψηται αὐτοὺς ταῖς ἐπουρανίαις αὐτοῦ
δωρεαῖς, καὶ δῷ αὐτοῖς ἐν τῷ παρόντι ἑκατονταπλασίονα καὶ ἐν
τῷ μέλλοντι ζωὴν αἰώνιον καὶ χαρίσηται αὐτοῖς ἀντὶ τῶν προσ-
καίρων τὰ αἰώνια, ἀντὶ τῶν ἐπιγείων τὰ ἐπουράνια.

Ὑπὲρ τῶν νεοφωτίστων ἀδελφῶν ἡμῶν δεηθῶμεν ὅπως ὁ
Κύριος στηρίξῃ αὐτοὺς καὶ βεβαιώσῃ.

Ὑπὲρ τῶν ἐν ἀρρωστίᾳ ἐξεταζομένων ἀδελφῶν ἡμῶν δεηθῶμεν,
ὅπως ὁ Κύριος ῥύσηται αὐτοὺς πάσης νόσου καὶ πάσης μαλακίας,
καὶ σώους ἀποκαταστήσῃ τῇ ἁγίᾳ αὐτοῦ ἐκκλησίᾳ.

Ὑπὲρ πλεόντων καὶ ὁδοιπορούντων δεηθῶμεν· ὑπὲρ τῶν ἐν
μετάλλοις καὶ ἐξορίαις καὶ φυλακαῖς καὶ δεσμοῖς ὄντων διὰ τὸ
ὄνομα τοῦ Κυρίου δεηθῶμεν· ὑπὲρ τῶν ἐν πικρᾷ δουλείᾳ κατα-
πονουμένων δεηθῶμεν· ὑπὲρ ἐχθρῶν καὶ μισούντων ἡμᾶς δεηθῶ-
μεν, ὑπὲρ τῶν διωκόντων ἡμᾶς διὰ τὸ ὄνομα τοῦ Κυρίου δεηθῶμεν,
ὅπως ὁ Κύριος πραΰνας τὸν θυμὸν αὐτῶν διασκεδάσῃ τὴν καθ'
ἡμῶν ὀργήν.

Ὑπὲρ τῶν ἔξω ὄντων καὶ πεπλανημένων δεηθῶμεν, ὅπως ὁ
Κύριος αὐτοὺς ἐπιστρέψῃ.

Τῶν νηπίων τῆς ἐκκλησίας μνημονεύσωμεν, ὅπως ὁ Κύριος
τελειώσας αὐτὰ ἐν τῷ φόβῳ αὐτοῦ εἰς μέτρον ἡλικίας ἀγάγῃ.

Ὑπὲρ ἀλλήλων δεηθῶμεν, ὅπως ὁ Κύριος τηρήσῃ ἡμᾶς καὶ
φυλάξῃ τῇ αὐτοῦ χάριτι εἰς τέλος, καὶ ῥύσηται ἡμᾶς τοῦ πονηροῦ

Clementine Liturgy.

VI. a καὶ πάντων τῶν σκανδάλων τῶν ἐργαζομένων τὴν ἀνομίαν, καὶ σώσῃ εἰς τὴν βασιλείαν αὐτοῦ τὴν ἐπουράνιον.

Ὑπὲρ πάσης ψυχῆς χριστιανῆς δεηθῶμεν.

Σῶσον καὶ ἀνάστησον ἡμᾶς, ὁ Θεός, τῷ ἐλέει σου.

b Ἐγειρώμεθα. Δεηθέντες ἐκτενῶς ἑαυτοὺς καὶ ἀλλήλους τῷ
Silent Prayer. ζῶντι Θεῷ διὰ τοῦ Χριστοῦ αὐτοῦ παραθώμεθα.

c Ἐπευχέσθω δὲ ὁ ἀρχιερεὺς καὶ λεγέτω·
Prayer of the Faithful.
Κύριε παντοκράτορ, ὕψιστε, ὁ ἐν ὑψηλοῖς κατοικῶν, ἅγιε ἐν ἁγίοις ἀναπαυόμενε, ἄναρχε, μόναρχε· ὁ διὰ Χριστοῦ κήρυγμα γνώσεως δοὺς ἡμῖν εἰς ἐπίγνωσιν τῆς σῆς δόξης καὶ τοῦ ὀνόματός σου, οὗ ἐφανέρωσεν ἡμῖν εἰς κατάληψιν· αὐτὸς καὶ νῦν ἔπιδε δι' αὐτοῦ ἐπὶ τὸ ποίμνιόν σου τοῦτο· καὶ λύτρωσαι αὐτὸ πάσης ἀγνοίας καὶ πονηρᾶς πράξεως, καὶ δὸς φόβῳ φοβεῖσθαί σε καὶ ἀγάπῃ ἀγαπᾶν σε καὶ στέλλεσθαι ἀπὸ προσώπου δόξης σου· εὐμενὴς αὐτοῖς γενοῦ καὶ ἵλεως καὶ ἐπήκοος ἐν ταῖς προσευχαῖς αὐτῶν, καὶ φύλαξον αὐτοὺς ἀτρέπτους, ἀμέμπτους, ἀνεγκλήτους,
Eph. v. 27. ἵνα ὦσιν ἅγιοι σώματι καὶ ψυχῇ, **μὴ ἔχοντες σπίλον ἢ ῥυτίδα ἤ τι τῶν τοιούτων, ἀλλ' ἵνα ὦσιν ἄρτιοι καὶ μηδεὶς ἐν αὐτοῖς ᾖ κολοβὸς ἢ ἀτελής**. Ἀρωγὲ δυνατέ, ἀπροσωπόληπτε, γενοῦ ἀντιλήπτωρ τοῦ λαοῦ σου τούτου, ὃν ἐξηγόρασας τῷ τιμίῳ τοῦ Χριστοῦ σου αἵματι, προστάτης, ἐπίκουρος, ταμίας, φύλαξ, τεῖχος ἐρυμνότατον, φραγμὸς ἀσφάλειας, ὅτι ἐκ τῆς σῆς χειρὸς οὐδεὶς ἁρπάσαι
Cf. John x. 29. δύναται· οὐδὲ γὰρ ἔστι θεὸς ὥσπερ σὺ ἕτερος, ὅτι ἐν σοὶ ἡ ὑπομονὴ
John xvii. 17. ἡμῶν. Ἁγίασον αὐτοὺς ἐν τῇ ἀληθείᾳ σου, ὅτι ὁ λόγος ὁ σὸς ἀλήθεια ἐστίν. Ἀπροσχάριστε, ἀπαραλόγιστε, ῥῦσαι αὐτοὺς πάσης νόσου καὶ πάσης μαλακίας, παντὸς παραπτώματος, πάσης
Ps. xci. 5, 6. ἐπηρείας καὶ ἀπάτης, **ἀπὸ φόβου ἐχθροῦ, ἀπὸ βέλους πετομένου ἡμέρας, ἀπὸ πράγματος ἐν σκότει διαπορευομένου**· καὶ καταξίωσον αὐτοὺς τῆς αἰωνίου ζωῆς, τῆς ἐν Χριστῷ τῷ υἱῷ σου τῷ μονογενεῖ, τῷ Θεῷ καὶ σωτῆρι ἡμῶν, δι' οὗ σοι δόξα καὶ σέβας ἐν Ἁγίῳ Πνεύματι, νῦν καὶ ἀεὶ καὶ εἰς τοὺς αἰῶνας τῶν αἰώνων· ἀμήν.

VII. Καὶ μετὰ τοῦτο λεγέτω ὁ διάκονος·
Kiss of Peace.
Πρόσχωμεν.

Clementine Liturgy.

Καὶ ἀσπαζέσθω ὁ ἐπίσκοπος τὴν ἐκκλησίαν καὶ λεγέτω·　　　　　VII.
Ἡ εἰρήνη τοῦ Θεοῦ μετὰ πάντων ὑμῶν.
Καὶ ὁ λαὸς ἀποκρινάσθω·
Καὶ μετὰ τοῦ πνεύματός σου.
Καὶ ὁ διάκονος εἰπάτω πᾶσιν·
Ἀσπάσασθε ἀλλήλους ἐν φιλήματι ἁγίῳ.

Καὶ ἀσπαζέσθωσαν οἱ τοῦ κλήρου τὸν ἐπίσκοπον, οἱ λαϊκοὶ ἄνδρες τοὺς λαϊκούς, αἱ γυναῖκες τὰς γυναῖκας. Τὰ παιδία δὲ στηκέτωσαν πρὸς τῷ βήματι· καὶ διάκονος αὐτοῖς ἕτερος ἔστω ἐφεστώς, ὅπως μὴ ἀτακτῶσι. Καὶ ἄλλοι διάκονοι περιπατείτωσαν καὶ σκοπείτωσαν τοὺς ἄνδρας καὶ τὰς γυναῖκας, ὅπως μὴ θόρυβός τις γένηται, καὶ μή τις νεύσῃ ἢ ψιθυρίσῃ ἢ νυστάξῃ. Οἱ δὲ διάκονοι ἱστάσθωσαν εἰς τὰς τῶν ἀνδρῶν θύρας καὶ οἱ ὑποδιάκονοι εἰς τὰς τῶν γυναικῶν, ὅπως μήτις ἐξέλθοι μήτε ἀνοιχθῇ ἡ θύρα, κἂν πιστός τις ᾖ, κατὰ τὸν καιρὸν τῆς ἀναφορᾶς· Εἷς δὲ ὑποδιάκονος διδότω ἀπόνιψιν χειρῶν τοῖς ἱερεῦσι, σύμβολον καθαρότητος ψυχῶν Θεῷ ἀνακειμένων.

[Καὶ εὐθὺς λεγέτω ὁ διάκονος·][1] Μή τις τῶν κατηχουμένων, μή τις τῶν ἀκροωμένων, μή τις τῶν ἀπίστων, μή τις τῶν ἑτεροδόξων. Οἱ τὴν πρώτην εὐχὴν εὐχόμενοι προέλθετε[2]· τὰ παιδία προσλαμβάνεσθε, αἱ μητέρες· μή τις κατά τινος, μή τις ἐν ὑποκρίσει. Ὀρθοὶ πρὸς Κύριον μετὰ φόβου καὶ τρόμου ἑστῶτες ὦμεν προσφέρειν.

Ὧν γενομένων οἱ διάκονοι προσαγέτωσαν τὰ δῶρα τῷ ἐπισκόπῳ πρὸς　VIII.
τὸ θυσιαστήριον· καὶ οἱ πρεσβύτεροι ἐκ δεξιῶν αὐτοῦ καὶ ἐξ εὐωνύμων　The[3] (second) Oblation.
στηκέτωσαν ὡς ἂν μαθηταὶ παρεστῶτες διδασκάλῳ. Δύο δὲ διάκονοι ἐξ　[προσκο-
ἑκατέρων τῶν μερῶν τοῦ θυσιαστηρίου κατεχέτωσαν ἐξ ὑμένων λεπτῶν ῥιπί-　μιδή] or OF-
διον ἢ πτερῶν ταῶνος, ἢ ὀθόνης· καὶ ἠρέμα ἀποσοβείτωσαν τὰ μικρὰ τῶν　FERTORY.
ἱπταμένων ζώων, ὅπως ἂν μὴ ἐγχρίμπτωνται εἰς τὰ κύπελλα.

Εὐξάμενος οὖν καθ' ἑαυτὸν ὁ ἀρχιερεὺς ἅμα τοῖς ἱερεῦσιν καὶ λαμπρὰν ἐσθῆτα μετενδὺς καὶ στὰς πρὸς τῷ θυσιαστηρίῳ, τὸ τρόπαιον τοῦ σταυροῦ κατὰ τοῦ μετώπου τῇ χειρὶ ποιησάμενος εἰπάτω·

---

[1] The original has here φημὶ δὴ κἀγὼ Ἰάκωβος, ὁ ἀδελφὸς Ἰωάννου τοῦ Ζεβεδαίου, ἵν' εὐθὺς ὁ διάκονος λέγῃ·

[2] al. προσέλθετε. And this is probably correct; the Deacon's Bidding Prayer (VI. a) being ἡ πρώτη εὐχή, according to the analogy of the similar Forms in Apost. Constitt. VIII. xxxv, xxxvii. 3, xl. 2.

[3] The 'First Oblation' being the presentation of the Bread, Wine, and other offerings by the contributors of the same. Cf. ὑπὲρ τῶν τὰς θυσίας καὶ τὰς ἀπαρχὰς προσφερόντων (p. 9).

Clementine Liturgy.

The Anaphora.
IX. a
Benediction.

Ἡ χάρις τοῦ παντοκράτορος Θεοῦ καὶ ἡ ἀγάπη τοῦ Κυρίου ἡμῶν Ἰησοῦ Χριστοῦ καὶ ἡ κοινωνία τοῦ ἁγίου Πνεύματος ἔστω μετὰ πάντων ὑμῶν.

Καὶ πάντες συμφώνως λεγέτωσαν·

Ὅτι καὶ μετὰ τοῦ πνεύματός σου.

Sursum Corda.

Καὶ ὁ ἀρχιερεύς· Ἄνω τὸν νοῦν.

Καὶ πάντες· Ἔχομεν πρὸς τὸν Κύριον.

Καὶ ὁ ἀρχιερεύς· Εὐχαριστήσωμεν τῷ Κυρίῳ.

Καὶ πάντες. Ἄξιον καὶ δίκαιον.

Eucharistic Preface.
b
Eph. iii. 15.

Καὶ ὁ ἀρχιερεὺς εἰπάτω·

Ἄξιον ὡς ἀληθῶς καὶ δίκαιον, πρὸ πάντων ἀνυμνεῖν σε τὸν ὄντως ὄντα Θεόν, τὸν πρὸ τῶν γενητῶν ὄντα, ἐξ οὗ πᾶσα πατριὰ ἐν οὐρανῷ καὶ ἐπὶ γῆς ὀνομάζεται, τὸν μόνον ἀγέννητον καὶ ἄναρχον καὶ ἀβασίλευτον, καὶ ἀδέσποτον, τὸν ἀνενδεῆ, τὸν παντὸς ἀγαθοῦ χορηγόν, τὸν πάσης αἰτίας καὶ γενέσεως κρείττονα, τὸν πάντοτε κατὰ τὰ αὐτὰ καὶ ὡσαύτως ἔχοντα· ἐξ οὗ τὰ πάντα, καθάπερ ἔκ τινος ἀφετηρίας, εἰς τὸ εἶναι παρῆλθεν. Σὺ γὰρ εἶ ἡ ἄναρχος γνῶσις, ἡ ἀΐδιος ὄρασις, ἡ ἀγέννητος ἀκοή, ἡ ἀδίδακτος σοφία· ὁ πρῶτος τῇ φύσει, καὶ μόνος τῷ εἶναι, καὶ κρείττων παντὸς ἀριθμοῦ· Ὁ τὰ πάντα ἐκ τοῦ μὴ ὄντος εἰς τὸ εἶναι παραγαγὼν διὰ τοῦ μονογενοῦς σου υἱοῦ· αὐτὸν δὲ πρὸ πάντων αἰώνων γεννήσας βουλήσει, καὶ δυνάμει, καὶ ἀγαθότητι, ἀμεσιτεύτως, υἱὸν

Col. i. 15.

μονογενῆ, Λόγον Θεόν, σοφίαν ζῶσαν, πρωτότοκον πάσης κτίσεως, ἄγγελον τῆς μεγάλης βουλῆς σου, ἀρχιερέα σόν, βασιλέα δὲ καὶ

Col. i. 17.

Κύριον πάσης νοητῆς καὶ αἰσθητῆς φύσεως, τὸν πρὸ πάντων, δι' οὗ τὰ πάντα. Σὺ γάρ, Θεὲ αἰώνιε, δι' αὐτοῦ τὰ πάντα πεποίηκας καὶ δι' αὐτοῦ τῆς προσηκούσης προνοίας τὰ ὅλα ἀξιοῖς· δι' οὗ γὰρ τὸ εἶναι ἐχαρίσω, δι' αὐτοῦ καὶ τὸ εὖ εἶναι ἐδωρήσω· ὁ Θεὸς καὶ πατὴρ τοῦ μονογενοῦς υἱοῦ σου· ὁ δι' αὐτοῦ πρὸ πάντων ποιήσας τὰ Χερουβὶμ καὶ τὰ Σεραφίμ, αἰῶνάς τε καὶ στρατίας, δυνάμεις τε καὶ ἐξουσίας, ἀρχάς τε καὶ θρόνους, ἀρχαγγέλους τε καὶ ἀγγέλους· καὶ μετὰ ταῦτα πάντα ποιήσας δι' αὐτοῦ τὸν φαινόμενον τοῦτον κόσμον καὶ πάντα τὰ ἐν αὐτῷ. Σὺ[1]

---

[1] With much of what follows cf. 1 Clem. c. xx.

Clementine Liturgy. 13

γὰρ εἶ ὁ τὸν οὐρανὸν ὡς καμάραν στήσας καὶ ὡς δέῤῥιν ἐκ- Ps. civ. 2.
τείνας, καὶ τὴν γῆν ἐπ' οὐδενὸς ἱδρύσας γνώμῃ μόνῃ· ὁ πήξας IX. b
στερέωμα, καὶ νύκτα καὶ ἡμέραν κατασκευάσας· ὁ ἐξαγαγὼν φῶς
ἐκ θησαυρῶν, καὶ τῇ τούτου στολῇ ἐπαγαγὼν τὸ σκότος, εἰς
ἀνάπαυλαν τῶν ἐν τῷ κόσμῳ κινουμένων ζώων· ὁ τὸν ἥλιον
τάξας εἰς ἀρχὰς τῆς ἡμέρας ἐν οὐρανῷ καὶ τὴν σελήνην εἰς ἀρχὰς Gen. i. 16.
τῆς νυκτός, καὶ τὸν χορὸν τῶν ἀστέρων ἐν οὐρανῷ καταγράψας,
εἰς αἶνον τῆς σῆς μεγαλοπρεπείας· ὁ ποιήσας ὕδωρ πρὸς πόσιν
καὶ κάθαρσιν, ἀέρα ζωτικὸν πρὸς εἰσπνοὴν καὶ φωνῆς ἀπόδοσιν
διὰ γλώττης πληττούσης τὸν ἀέρα, καὶ ἀκοὴν συνεργουμένην ὑπ'
αὐτοῦ ὡς ἐπαΐειν εἰσδεχομένην τὴν προσπίπτουσαν αὐτῇ λαλιάν·
ὁ ποιήσας πῦρ πρὸς σκότους παραμυθίαν, πρὸς ἐνδείας ἀναπλή-
ρωσιν, καὶ τὸ θερμαίνεσθαι ἡμᾶς καὶ φωτίζεσθαι ὑπ' αὐτοῦ· ὁ
τὴν μεγάλην θάλασσαν χωρίσας τῆς γῆς, καὶ τὴν μὲν ἀναδείξας
πλωτήν, τὴν δὲ ποσὶ βάσιμον ποιήσας, καὶ τὴν μὲν ζώοις μικροῖς
καὶ μεγάλοις πληθύνας, τὴν δὲ ἡμέροις καὶ ἀτιθάσσοις πληρώσας,
φυτοῖς τε διαφόροις στέψας, καὶ βοτάναις στεφανώσας, καὶ
ἄνθεσι καλλύνας, καὶ σπέρμασι πλουτίσας· ὁ συστησάμενος
ἄβυσσον, καὶ μέγα κύτος αὐτῇ περιθείς, ἁλμυρῶν ὑδάτων σεσω- Cf. Ps. lxv. 7.
ρευμένα πελάγη, περιφράξας δὲ αὐτὴν πύλαις ἄμμου λεπτο-
τάτης· ὁ πνεύμασί ποτε μὲν αὐτὴν κορυφῶν εἰς ὀρέων μέγεθος,
ποτὲ δὲ στρωννύων αὐτὴν ὡς πεδίον, καί ποτε μὲν ἐκμαίνων
χειμῶνι, ποτὲ δὲ πραΰνων γαλήνῃ, ὡς ναυσιπόροις πλωτῆρσιν
εὔκολον εἶναι πρὸς πορείαν· ὁ ποταμοῖς διαζώσας τὸν ὑπὸ σοῦ
διὰ Χριστοῦ γενόμενον κόσμον, καὶ χειμάρροις ἐπικλύσας, καὶ
πηγαῖς ἀεννάοις μεθύσας, ὄρεσι δὲ περισφίγξας εἰς ἕδραν ἀτρεμῆ
γῆς ἀσφαλεστάτην. Ἐπλήρωσας γάρ σου τὸν κόσμον, καὶ
διεκόσμησας αὐτὸν βοτάναις εὐόσμοις καὶ ἰασίμοις, ζώοις πολ-
λοῖς καὶ διαφόροις, ἀλκίμοις καὶ ἀσθενεστέροις, ἐδωδίμοις καὶ
ἐνεργοῖς, ἡμέροις καὶ ἀτιθάσσοις· ἑρπετῶν συριγμοῖς, πτηνῶν
ποικίλων κλαγγαῖς· ἐνιαυτῶν κύκλοις, μηνῶν καὶ ἡμερῶν ἀριθ-
μοῖς, τροπῶν τάξεσι, νεφῶν ὀμβροτόκων διαδρομαῖς, εἰς καρπῶν
γονὰς καὶ ζώων σύστασιν, σταθμὸν ἀνέμων διαπνεόντων, ὅτε Job xxviii.
προσταχθῶσι παρὰ σοῦ, τῶν φυτῶν καὶ τῶν βοτανῶν τὸ 25.
πλῆθος. Καὶ οὐ μόνον τὸν κόσμον ἐδημιούργησας, ἀλλὰ καὶ

Clementine Liturgy.

IX. b
Gen. i. 26.

τὸν κοσμοπολίτην ἄνθρωπον ἐν αὐτῷ ἐποίησας, κόσμου κόσμον αὐτὸν ἀναδείξας· εἶπας γὰρ τῇ σῇ σοφίᾳ· **ποιήσωμεν ἄνθρωπον κατ' εἰκόνα ἡμετέραν, καὶ καθ' ὁμοίωσιν· καὶ ἀρχέτωσαν τῶν ἰχθύων τῆς θαλάσσης, καὶ τῶν πετεινῶν τοῦ οὐρανοῦ.** Διὸ καὶ πεποίηκας αὐτὸν ἐκ ψυχῆς ἀθανάτου καὶ σώματος σκεδαστοῦ· τῆς μὲν ἐκ τοῦ μὴ ὄντος, τοῦ δὲ ἐκ τῶν τεσσάρων στοιχείων· καὶ δέδωκας αὐτῷ, κατὰ μὲν τὴν ψυχήν, τὴν λογικὴν διάγνωσιν, εὐσεβείας καὶ ἀσεβείας διάκρισιν, δικαίου καὶ ἀδίκου παρατήρησιν· κατὰ δὲ τὸ σῶμα τὴν πένταθλον ἐχαρίσω αἴσθησιν, καὶ τὴν μεταβατικὴν κίνησιν. Σὺ γάρ, Θεὲ παντοκράτορ, διὰ Χριστοῦ

Gen. ii. 8.

παράδεισον ἐν Ἐδὲμ κατὰ ἀνατολὰς ἐφύτευσας παντοίων φυτῶν ἐδωδίμων κόσμῳ, καὶ ἐν αὐτῷ ὡς ἂν ἐν ἑστίᾳ πολυτελεῖ εἰσήγαγες αὐτόν· κἂν τῷ ποιεῖν νόμον δέδωκας αὐτῷ ἔμφυτον, ὅπως οἴκοθεν καὶ παρ' ἑαυτοῦ ἔχοι τὰ σπέρματα τῆς θεογνωσίας.

Gen. ii. 15; iii. 24.

Εἰσαγαγὼν δὲ εἰς τὸν τῆς **τρυφῆς παράδεισον**, πάντων μὲν ἀνῆκας αὐτῷ τὴν ἐξουσίαν πρὸς μετάληψιν, ἑνὸς δὲ μόνου τὴν γεῦσιν ἀπεῖπας ἐπ' ἐλπίδι κρειττόνων, ἵνα, ἐὰν φυλάξῃ τὴν ἐντολήν, μισθὸν ταύτης τὴν ἀθανασίαν κομίσηται. Ἀμελήσαντα δὲ τῆς ἐντολῆς, καὶ γευσάμενον ἀπηγορευμένου καρποῦ ἀπάτῃ ὄφεως καὶ συμβουλίᾳ γυναικός, τοῦ μὲν παραδείσου δικαίως ἐξῶσας αὐτόν, ἀγαθότητι δὲ εἰς τὸ παντελὲς ἀπολλύμενον οὐχ ὑπερεῖδες· σὸν γὰρ ἦν δημιούργημα· ἀλλὰ καθυποτάξας αὐτῷ τὴν κτίσιν, δέδωκας αὐτῷ οἰκείοις ἱδρῶσι καὶ πόνοις πορίζειν ἑαυτῷ τὴν τροφήν, σοῦ πάντα φύοντος καὶ αὔξοντος καὶ πεπαίνοντος· χρόνῳ δὲ πρὸς ὀλίγον αὐτὸν κοιμίσας, ὅρκῳ εἰς παλιγγενεσίαν ἐκάλεσας· ὅρον θανάτου λύσας, ζωὴν ἐξ ἀναστάσεως ἐπηγγείλω. Καὶ οὐ τοῦτο μόνον, ἀλλὰ καὶ τοὺς ἐξ αὐτοῦ εἰς πλῆθος ἀνάριθμον χέας, τοὺς ἐμμείναντάς σοι ἐδόξασας, τοὺς δὲ ἀποστάντας συν ἐκόλασας, [καὶ] τοῦ μὲν Ἀβὲλ ὡς ὁσίου προσδεξάμενος τὴν θυσίαν, τοῦ δὲ ἀδελφοκτόνου Καῒν ἀποστραφεὶς τὸ δῶρον, ὡς ἐναγοῦς· καὶ πρὸς τούτοις τὸν Σὴθ καὶ τὸν Ἐνὼς προσελάβου, καὶ τὸν Ἐνὼχ μετατέθεικας. Σὺ γὰρ εἶ ὁ δημιουργὸς τῶν ἀνθρώπων, καὶ τῆς ζωῆς χορηγός, καὶ τῆς ἐνδείας πληρωτής, καὶ τῶν νόμων δοτήρ, καὶ τῶν φυλαττόντων αὐτοὺς μισθαποδότης, καὶ τῶν παραβαινόντων αὐτοὺς

Clementine Liturgy. 15

ἔκδικος· ὁ τὸν μέγαν κατακλυσμὸν ἐπαγαγὼν τῷ κόσμῳ διὰ τὸ Cf. 2 Pet. ii.
πλῆθος τῶν ἀσεβησάντων, καὶ τὸν δίκαιον Νῶε ῥυσάμενος ἐκ τοῦ 5.
κατακλυσμοῦ ἐν λάρνακι σὺν ὀκτὼ ψυχαῖς, τέλος μὲν τῶν παρῳ- IX. b
χηκότων, ἀρχὴν δὲ τῶν μελλόντων ἐπιγίνεσθαι· ὁ τὸ φοβερὸν
πῦρ κατὰ τῆς Σοδομηνῆς πενταπόλεως ἐξάψας, καὶ γῆν καρποφόρον Wisd. x. 6.
εἰς ἅλμην θέμενος ἀπὸ κακίας τῶν κατοικούντων ἐν αὐτῇ, καὶ τὸν Ps. cvii. 34.
ὅσιον Λὼτ ἐξαρπάσας τοῦ ἐμπρησμοῦ. Σὺ εἶ ὁ τὸν Ἀβραὰμ
ῥυσάμενος προγονικῆς ἀσεβείας, καὶ κληρονόμον τοῦ κόσμου
καταστήσας, καὶ ἐμφανίσας αὐτῷ τὸν Χριστόν σου· ὁ τὸν Cf. John viii.
Μελχισεδὲκ ἀρχιερέα τῆς λατρείας προχειρισάμενος· ὁ τὸν 56.
πολύτλαν θεράποντά σου Ἰὼβ νικητὴν τοῦ ἀρχεκάκου ὄφεως
ἀναδείξας· ὁ τὸν Ἰσαὰκ ἐπαγγελίας υἱὸν ποιησάμενος· ὁ τὸν
Ἰακὼβ πατέρα δώδεκα παίδων καὶ τοὺς ἐξ αὐτοῦ εἰς πλῆθος
χέας, καὶ εἰσαγαγὼν εἰς Αἴγυπτον ἐν ἑβδομήκοντα πέντε ψυχαῖς.
Σύ, Κύριε, [τὸν] Ἰωσὴφ οὐχ ὑπερεῖδες· ἀλλὰ μισθὸν τῆς διὰ σὲ
σωφροσύνης ἔδωκας αὐτῷ τὸ τῶν Αἰγυπτίων ἄρχειν. Σύ, Κύριε,
Ἑβραίους ὑπὸ Αἰγυπτίων καταπονουμένους οὐ περιεῖδες, διὰ τὰς
πρὸς τοὺς πατέρας αὐτῶν ἐπαγγελίας· ἀλλ' ἐρρύσω, κολάσας
Αἰγυπτίους. Παραφθειράντων δὲ τῶν ἀνθρώπων τὸν φυσικὸν Cf. Rom. i.
νόμον, καὶ τὴν κτίσιν, ποτὲ μὲν αὐτόματον νομισάντων, ποτὲ δὲ 21-25.
πλεῖον ἢ δεῖ τιμησάντων, καὶ σοί, τῷ Θεῷ τῶν πάντων, συντατ-
τόντων, οὐκ εἴασας πλανᾶσθαι· ἀλλά, ἀναδείξας τὸν ἅγιόν σου
θεράποντα Μωυσῆν, δι' αὐτοῦ πρὸς βοήθειαν τοῦ φυσικοῦ τὸν
γραπτὸν νόμον δέδωκας, καὶ τὴν κτίσιν ἔδειξας σὸν ἔργον εἶναι,
τὴν δὲ πολύθεον πλάνην ἐξώρισας· τὸν Ἀαρὼν καὶ τοὺς ἐξ αὐτοῦ
ἱερατικῇ τιμῇ ἐδόξασας, Ἑβραίους ἁμαρτόντας ἐκόλασας, ἐπιστρέ-
φοντας ἐδέξω· τοὺς Αἰγυπτίους δεκαπλήγῳ ἐτιμωρήσω· θάλασσαν
διελὼν Ἰσραηλίτας διεβίβασας· Αἰγυπτίους ἐπιδιώξαντας ὑπο-
βρυχίους ἀπώλεσας· ξύλῳ πικρὸν ὕδωρ ἐγλύκανας· ἐκ πέτρας
ἀκροτόμου ὕδωρ ἀνέχεας· ἐξ οὐρανοῦ τὸ μάννα ὗσας· τροφὴν[1] ἐξ
ἀέρος ὀρτυγομήτραν· στύλον πυρὸς τὴν νύκτα πρὸς φωτισμόν, Cf. Neh. ix.
καὶ στύλον νεφέλης ἡμέραν πρὸς σκιασμὸν θάλπους. Τὸν 19.
Ἰησοῦν στρατηγὸν ἀναδείξας, ἑπτὰ ἔθνη Χαναναίων δι' αὐτοῦ
καθεῖλες, Ἰορδάνην διέρρηξας, τοὺς ποταμοὺς Ἠθὰμ ἐξήρανας, Ps. lxxiv. 15.

[1] Cf. Wisd. xvi. 3 τροφὴν ἡτοίμασας ὀρτυγομήτραν.

Clementine Liturgy.

IX. b

τείχη κατέρριψας ἄνευ μηχανημάτων καὶ χειρὸς ἀνθρωπίνης. Ὑπὲρ ἁπάντων σοι ἡ δόξα, δέσποτα παντοκράτορ. Σὲ προσκυνοῦσιν ἀνάριθμοι στρατιαὶ ἀγγέλων, ἀρχαγγέλων, θρόνων, κυριοτήτων, ἀρχῶν, ἐξουσιῶν, δυνάμεων, στρατιῶν, αἰώνων· τὰ Χερουβίμ, καὶ τὰ ἐξαπτέρυγα Σεραφίμ, ταῖς μὲν δυσὶ κατακαλύπτοντα τοὺς πόδας, ταῖς δὲ δυσὶ τὰς κεφαλάς, ταῖς δὲ δυσὶ πετόμενα, καὶ λέγοντα ἅμα χιλίαις χιλιάσιν ἀρχαγγέλων, καὶ μυρίαις μυριάσιν ἀγγέλων, ἀκαταπαύστως καὶ ἀσιγήτως βοώσαις·

Col. i. 16.

Is. vi. 2, 3.

X.

Καὶ πᾶς ὁ λαὸς ἅμα εἰπάτω·

Triumphal Hymn.

Ἅγιος, ἅγιος, ἅγιος Κύριος Σαβαώθ· πλήρης ὁ οὐρανὸς καὶ ἡ γῆ τῆς δόξης αὐτοῦ· εὐλογητὸς εἰς τοὺς αἰῶνας· ἀμήν.

XI.

Καὶ ὁ ἀρχιερεὺς ἑξῆς λεγέτω·

Commemoration of the Work of Redemption.

Ἅγιος γὰρ εἶ ὡς ἀληθῶς, καὶ πανάγιος, ὕψιστος καὶ ὑπερυψούμενος εἰς τοὺς αἰῶνας. ἅγιος δὲ καὶ ὁ μονογενής σου υἱὸς ὁ Κύριος ἡμῶν καὶ Θεὸς Ἰησοῦς ὁ Χριστός, ὃς εἰς πάντα ὑπηρετησάμενός σοι τῷ Θεῷ αὐτοῦ καὶ πατρί, εἴς τε δημιουργίαν διάφορον καὶ πρόνοιαν κατάλληλον, οὐ περιεῖδε τὸ γένος τῶν ἀνθρώπων ἀπολλύμενον, ἀλλὰ μετὰ φυσικὸν νόμον, μετὰ νομικὴν παραίνεσιν, μετὰ προφητικοὺς ἐλέγχους καὶ τὰς τῶν ἀγγέλων ἐπιστασίας (παραφθειρόντων σὺν τῷ θετῷ καὶ τὸν φυσικὸν νόμον, καὶ τῆς μνήμης ἐκβαλλόντων τὸν κατακλυσμόν, τὴν ἐκπύρωσιν, τὰς κατ᾽ Αἰγυπτίων πληγάς, τὰς κατὰ Παλαιστηνῶν σφαγάς, καὶ μελλόντων ὅσον οὐδέπω ἀπόλλυσθαι πάντων), εὐδόκησεν αὐτὸς γνώμῃ σῇ ὁ δημιουργὸς ἀνθρώπου ἄνθρωπος γενέσθαι, ὁ νομοθέτης ὑπὸ νόμους, ὁ ἀρχιερεὺς ἱερεῖον, ὁ ποιμὴν πρόβατον· καὶ ἐξευμενίσατό σε τὸν ἑαυτοῦ Θεὸν καὶ πατέρα, καὶ τῷ κόσμῳ κατήλλαξε, καὶ τῆς ἐπικειμένης ὀργῆς τοὺς πάντας ἠλευθέρωσε, γενόμενος ἐκ παρθένου, γενόμενος ἐν σαρκί, ὁ Θεὸς Λόγος, ὁ ἀγαπητὸς υἱός, ὁ πρωτότοκος πάσης κτίσεως, κατὰ τὰς περὶ αὐτοῦ ὑπ᾽ αὐτοῦ προρρηθείσας προφητείας ἐκ σπέρματος Δαβὶδ καὶ Ἀβραάμ, καὶ φυλῆς Ἰούδα· καὶ γέγονεν ἐν μήτρᾳ παρθένου ὁ διαπλάσσων πάντας τοὺς γεννωμένους, καὶ ἐσαρκώθη ὁ ἄσαρκος, ὁ ἀχρόνως γεννηθεὶς ἐν χρόνῳ γεγέννηται· πολιτευσάμενος ὁσίως καὶ παιδεύσας ἐνθέσμως, πᾶσαν νόσον καὶ πᾶσαν μαλακίαν ἐξ ἀνθρώπων ἀπελάσας, σημεῖά τε καὶ τέρατα ἐν τῷ λαῷ ποιήσας,

Col. i. 15.

Matt. iv. 23.

Acts v. 12.

Clementine Liturgy.

τροφῆς καὶ ποτοῦ καὶ ὕπνου μεταλαβὼν ὁ τρέφων πάντας τοὺς **XI.**
χρῄζοντας τροφῆς καὶ ἐμπιπλῶν πᾶν ζῶον εὐδοκίας, ἐφανέρωσέ Ps. cxlv. 16.
σου τὸ ὄνομα τοῖς ἀγνοοῦσιν αὐτό, τὴν ἄγνοιαν ἐφυγάδευσε, τὴν
εὐσέβειαν ἀνεζωπύρωσε, τὸ θέλημά σου ἐπλήρωσε, τὸ ἔργον ὃ John xvii. 4.
ἔδωκας αὐτῷ ἐτελείωσε· καὶ ταῦτα πάντα κατορθώσας, χερσὶν
ἀνόμων κατασχεθεὶς ἱερέων καὶ ἀρχιερέων ψευδωνύμων καὶ λαοῦ
παρανόμου προδοσίᾳ τοῦ τὴν κακίαν νοσήσαντος, καὶ πολλὰ
παθὼν ὑπ' αὐτῶν, καὶ πᾶσαν ἀτιμίαν ὑποστὰς σῇ συγχωρήσει,
παραδοθεὶς Πιλάτῳ τῷ ἡγεμόνι, καὶ κριθεὶς ὁ κριτής, καὶ κατα-
κριθεὶς ὁ σωτήρ, σταυρῷ προσηλώθη ὁ ἀπαθής, καὶ ἀπέθανεν ὁ τῇ
φύσει ἀθάνατος, καὶ ἐτάφη ὁ ζωοποιός, ἵνα πάθους λύσῃ καὶ
θανάτου ἐξέληται τούτους δι' οὓς παρεγένετο, καὶ ῥήξῃ τὰ δεσμὰ
τοῦ διαβόλου, καὶ ῥύσηται τοὺς ἀνθρώπους ἐκ τῆς ἀπάτης αὐτοῦ·
καὶ ἀνέστη ἐκ νεκρῶν τῇ τρίτῃ ἡμέρᾳ· καὶ τεσσαράκοντα ἡμέρας
ἐνδιατρίψας τοῖς μαθηταῖς, ἀνελήφθη εἰς τοὺς οὐρανούς, καὶ ἐκα- Mark xvi. 19.
θέσθη ἐκ δεξιῶν σου τοῦ Θεοῦ καὶ πατρὸς αὐτοῦ.

Μεμνημένοι οὖν ὧν δι' ἡμᾶς ὑπέμεινεν, εὐχαριστοῦμέν σοι, COMMEMO-
Θεὲ παντοκράτορ, οὐχ ὅσον ὀφείλομεν, ἀλλ' ὅσον δυνάμεθα, καὶ THE INSTI-
τὴν διάταξιν αὐτοῦ πληροῦμεν. Ἐν ᾗ γὰρ νυκτὶ παρεδίδοτο, 1 Cor. xi. 23.
λαβὼν ἄρτον ταῖς ἁγίαις καὶ ἀμώμοις αὐτοῦ χερσί, καὶ ἀναβλέψας
πρὸς σὲ τὸν Θεὸν αὐτοῦ καὶ πατέρα, καὶ κλάσας, **ἔδωκε τοῖς** Matt. xxvi.
μαθηταῖς, εἰπών· τοῦτο τὸ μυστήριον τῆς καινῆς διαθήκης· λάβετε 26.
ἐξ αὐτοῦ, φάγετε· τοῦτό ἐστι τὸ σῶμά μου, τὸ περὶ πολλῶν
θρυπτόμενον εἰς ἄφεσιν ἁμαρτιῶν. Ὡσαύτως **καὶ τὸ ποτήριον** 1 Cor. xi. 25.
κεράσας ἐξ οἴνου καὶ ὕδατος, καὶ ἁγιάσας, ἐπέδωκεν αὐτοῖς,
λέγων· **πίετε ἐξ αὐτοῦ πάντες· τοῦτό ἐστι τὸ αἷμά μου, τὸ περὶ** Matt. xxvi.
πολλῶν ἐκχυνόμενον εἰς ἄφεσιν ἁμαρτιῶν· τοῦτο ποιεῖτε εἰς τὴν ἐμὴν 27, 28.
ἀνάμνησιν· ὁσάκις γὰρ ἐὰν ἐσθίητε τὸν ἄρτον τοῦτον, καὶ πίνητε τὸ 1 Cor. xi. 26.
ποτήριον τοῦτο, τὸν θάνατον τὸν ἐμὸν **καταγγέλλετε, ἄχρις ἂν ἔλθω.**

Μεμνημένοι τοίνυν τοῦ πάθους αὐτοῦ καὶ τοῦ θανάτου καὶ τῆς **XII.**
ἐκ νεκρῶν ἀναστάσεως, καὶ τῆς εἰς οὐρανοὺς ἐπανόδου, καὶ τῆς
μελλούσης αὐτοῦ δευτέρας παρουσίας, ἐν ᾗ ἔρχεται μετὰ δόξης
καὶ δυνάμεως κρῖναι ζῶντας καὶ νεκροὺς καὶ **ἀποδοῦναι ἑκάστῳ** Rom. ii. 6.
κατὰ τὰ ἔργα αὐτοῦ, προσφέρομέν σοι τῷ βασιλεῖ καὶ Θεῷ, κατὰ THE GREAT
τὴν αὐτοῦ διάταξιν, τὸν ἄρτον τοῦτον, καὶ τὸ ποτήριον τοῦτο, OBLATION.

Clementine Liturgy.

Cf. Col. iii. 17. εὐχαριστοῦντές σοι δι' αὐτοῦ, ἐφ' οἷς κατηξίωσας ἡμᾶς ἑστάναι ἐνώπιόν σου, καὶ ἱερατεύειν σοι.

XIII.
INVOCATION.
Καὶ ἀξιοῦμέν σε, ὅπως εὐμενῶς ἐπιβλέψῃς ἐπὶ τὰ προκείμενα δῶρα ταῦτα ἐνώπιόν σου, σὺ ὁ ἀνενδεὴς Θεός, καὶ εὐδοκήσῃς ἐπ' αὐτοῖς εἰς τιμὴν τοῦ Χριστοῦ σου, καὶ καταπέμψῃς τὸ ἅγιόν σου

1 Pet. v. 1. Πνεῦμα ἐπὶ τὴν θυσίαν ταύτην, τὸν μάρτυρα τῶν παθημάτων τοῦ Κυρίου Ἰησοῦ, ὅπως ἀποφήνῃ τὸν ἄρτον τοῦτον σῶμα τοῦ Χριστοῦ σου, καὶ τὸ ποτήριον τοῦτο αἷμα τοῦ Χριστοῦ σου, ἵνα οἱ μεταλαβόντες αὐτοῦ βεβαιωθῶσι πρὸς εὐσέβειαν, ἀφέσεως ἁμαρτημάτων τύχωσι, τοῦ διαβόλου καὶ τῆς πλάνης αὐτοῦ ῥυσθῶσι, Πνεύματος ἁγίου πληρωθῶσιν, ἄξιοι τοῦ Χριστοῦ σου γένωνται, ζωῆς αἰωνίου τύχωσι, σοῦ καταλλαγέντος αὐτοῖς, δέσποτα παντοκράτορ.

XIV. a
GREAT INTERCESSION.
Ἔτι δεόμεθά σου, Κύριε, καὶ ὑπὲρ τῆς ἁγίας σου ἐκκλησίας τῆς ἀπὸ περάτων ἕως περάτων, ἣν περιεποιήσω τῷ τιμίῳ αἵματι τοῦ Χριστοῦ σου, ὅπως αὐτὴν διαφυλάξῃς ἄσειστον καὶ ἀκλυδώνιστον ἄχρι τῆς συντελείας τοῦ αἰῶνος· καὶ ὑπὲρ πάσης ἐπισκοπῆς

2 Tim. ii. 15. τῆς **ὀρθοτομούσης τὸν λόγον τῆς ἀληθείας.**

Ἔτι παρακαλοῦμέν σε καὶ ὑπὲρ τῆς ἐμῆς τοῦ προσφέροντός σοι οὐδενίας, καὶ ὑπὲρ παντὸς τοῦ πρεσβυτερίου, ὑπὲρ τῶν διακόνων καὶ παντὸς τοῦ κλήρου, ἵνα πάντας σοφίσας Πνεύματος ἁγίου πληρώσῃς.

1 Tim. ii. 2. Ἔτι παρακαλοῦμέν σε, Κύριε, **ὑπὲρ τοῦ βασιλέως, καὶ τῶν ἐν ὑπεροχῇ,** καὶ παντὸς τοῦ στρατοπέδου, ἵνα εἰρηνεύωνται τὰ πρὸς ἡμᾶς· ὅπως ἐν ἡσυχίᾳ καὶ ὁμονοίᾳ διάγοντες τὸν πάντα χρόνον τῆς ζωῆς ἡμῶν, δοξάζωμέν σε διὰ Ἰησοῦ Χριστοῦ τῆς ἐλπίδος ἡμῶν.

Ἔτι προσφέρομέν σοι καὶ ὑπὲρ πάντων τῶν ἀπ' αἰῶνος εὐαρεστησάντων σοι ἁγίων, πατριαρχῶν, προφητῶν, δικαίων, ἀποστόλων, μαρτύρων, ὁμολογητῶν, ἐπισκόπων, πρεσβυτέρων, διακόνων, ὑποδιακόνων, ἀναγνωστῶν, ψαλτῶν, παρθένων, χηρῶν, λαϊκῶν καὶ πάντων, ὧν αὐτὸς ἐπίστασαι τὰ ὀνόματα.

Ἔτι προσφέρομέν σοι ὑπὲρ τοῦ λαοῦ τούτου, ἵνα ἀναδείξῃς

1 Pet. ii. 9. αὐτὸν εἰς ἔπαινον τοῦ Χριστοῦ σου **βασίλειον ἱεράτευμα, ἔθνος ἅγιον·** ὑπὲρ τῶν ἐν παρθενίᾳ καὶ ἁγνείᾳ, ὑπὲρ τῶν χηρῶν τῆς

ἐκκλησίας, ὑπὲρ τῶν ἐν σεμνοῖς γάμοις καὶ τεκνογονίαις, ὑπὲρ τῶν   XIV. a
νηπίων τοῦ λαοῦ σου, ὅπως μηδένα ἡμῶν ἀπόβλητον ποιήσῃς.

Ἔτι ἀξιοῦμέν σε καὶ ὑπὲρ τῆς πόλεως ταύτης καὶ τῶν ἐνοικούντων, ὑπὲρ τῶν ἐν ἀρρωστίαις, ὑπὲρ τῶν ἐν πικρᾷ δουλείᾳ, ὑπὲρ τῶν ἐν ἐξορίαις, ὑπὲρ τῶν ἐν δημεύσει, ὑπὲρ πλεόντων, καὶ ὁδοιπορούντων, ὅπως ἐπίκουρος γένῃ πάντων, βοηθὸς καὶ ἀντιλήπτωρ.

Ἔτι παρακαλοῦμέν σε καὶ ὑπὲρ τῶν μισούντων ἡμᾶς καὶ διωκόντων ἡμᾶς διὰ τὸ ὄνομά σου, ὑπὲρ τῶν ἔξω ὄντων καὶ πεπλανημένων, ὅπως ἐπιστρέψῃς αὐτοὺς εἰς ἀγαθόν, καὶ τὸν θυμὸν αὐτῶν πραΰνῃς.

Ἔτι παρακαλοῦμέν σε καὶ ὑπὲρ τῶν κατηχουμένων τῆς ἐκκλησίας, καὶ ὑπὲρ τῶν χειμαζομένων ὑπὸ τοῦ ἀλλοτρίου, καὶ ὑπὲρ τῶν ἐν μετανοίᾳ ἀδελφῶν ἡμῶν· ὅπως τοὺς μὲν τελειώσῃς ἐν τῇ πίστει, τοὺς δὲ καθαρίσῃς ἐκ τῆς ἐνεργείας τοῦ πονηροῦ, τῶν δὲ τὴν μετάνοιαν προσδέξῃ, καὶ συγχωρήσῃς καὶ αὐτοῖς καὶ ἡμῖν τὰ παραπτώματα ἡμῶν.

Ἔτι προσφέρομέν σοι καὶ ὑπὲρ τῆς εὐκρασίας τοῦ ἀέρος καὶ τῆς εὐφορίας τῶν καρπῶν· ὅπως ἀνελλειπῶς μεταλαμβάνοντες τῶν παρὰ σοῦ ἀγαθῶν, αἰνῶμέν σε ἀπαύστως, τὸν διδόντα τροφὴν Ps. cxxxvi. πάσῃ σαρκί.   25.

Ἔτι παρακαλοῦμέν σε καὶ ὑπὲρ τῶν δι' εὔλογον αἰτίαν ἀπόντων, ὅπως ἅπαντας ἡμᾶς διατηρήσας ἐν τῇ εὐσεβείᾳ, ἐπισυναγάγῃς ἐν τῇ βασιλείᾳ τοῦ Χριστοῦ σου, τοῦ Θεοῦ πάσης αἰσθητῆς καὶ νοητῆς φύσεως, τοῦ βασιλέως ἡμῶν, ἀτρέπτους, ἀμέμπτους, ἀνεγκλήτους· ὅτι σοὶ πᾶσα δόξα, σέβας καὶ εὐχαριστία, τιμὴ καὶ προσκύνησις, τῷ Πατρί, καὶ τῷ Υἱῷ, καὶ τῷ ἁγίῳ Πνεύματι, καὶ νῦν, καὶ ἀεί, καὶ εἰς τοὺς ἀνελλειπεῖς καὶ ἀτελευτήτους αἰῶνας τῶν αἰώνων.

Καὶ πᾶς ὁ λαὸς λεγέτω·
Ἀμήν.
Καὶ ὁ ἐπίσκοπος εἰπάτω·
Ἡ εἰρήνη τοῦ Θεοῦ εἴη μετὰ πάντων ὑμῶν.
Καὶ πᾶς ὁ λαὸς λεγέτω·
Καὶ μετὰ τοῦ πνεύματός σου.

20 Clementine Liturgy.

XIV. b
Deacon's Bidding Prayer.

Καὶ ὁ διάκονος κηρυσσέτω πάλιν·

Ἔτι καὶ ἔτι δεηθῶμεν τοῦ Θεοῦ διὰ τοῦ Χριστοῦ αὐτοῦ.

Ὑπὲρ τοῦ δώρου τοῦ προσκομισθέντος Κυρίῳ τῷ Θεῷ δεηθῶμεν, ὅπως ὁ ἀγαθὸς Θεὸς προσδέξηται αὐτὸ διὰ τῆς μεσιτείας τοῦ Χριστοῦ αὐτοῦ εἰς τὸ ἐπουράνιον αὐτοῦ θυσιαστήριον εἰς ὀσμὴν εὐωδίας.

Ὑπὲρ τῆς ἐκκλησίας ταύτης καὶ τοῦ λαοῦ δεηθῶμεν· ὑπὲρ πάσης ἐπισκοπῆς, παντὸς πρεσβυτερίου, πάσης τῆς ἐν Χριστῷ διακονίας καὶ ὑπηρεσίας, παντὸς τοῦ πληρώματος τῆς ἐκκλησίας δεηθῶμεν, ὅπως ὁ Κύριος πάντας διατηρήσῃ καὶ διαφυλάξῃ.

1 Tim. ii. 2.

Ὑπὲρ βασιλέων καὶ τῶν ἐν ὑπεροχῇ δεηθῶμεν, ἵνα εἰρηνεύωνται τὰ πρὸς ἡμᾶς· ὅπως ἤρεμον καὶ ἡσύχιον βίον ἔχοντες διάγωμεν ἐν πάσῃ εὐσεβείᾳ καὶ σεμνότητι.

Τῶν ἁγίων μαρτύρων μνημονεύσωμεν, ὅπως κοινωνοὶ γενέσθαι τῆς ἀθλήσεως αὐτῶν καταξιωθῶμεν.

Ὑπὲρ τῶν ἐν πίστει ἀναπαυσαμένων δεηθῶμεν.

Ὑπὲρ τῆς εὐκρασίας τῶν ἀέρων καὶ τελεσφορίας τῶν καρπῶν δεηθῶμεν.

Ὑπὲρ τῶν νεοφωτίστων δεηθῶμεν, ὅπως βεβαιωθῶσιν ἐν τῇ πίστει.

Πάντες ὑπὲρ ἀλλήλων παρακαλέσωμεν.

[ὁ Λαός] Ἀνάστησον ἡμᾶς ὁ Θεὸς ἐν τῇ χάριτί σου.

c

[ὁ Διάκονος] Ἀναστάντες ἑαυτοὺς τῷ Θεῷ διὰ τοῦ Χριστοῦ αὐτοῦ παραθώμεθα.

XV.
Prayer of Humble Access.
Acts iv. 30.

Καὶ ὁ ἐπίσκοπος λεγέτω·

Ὁ Θεὸς ὁ μέγας καὶ μεγαλώνυμος, ὁ μέγας τῇ βουλῇ καὶ κραταιὸς τοῖς ἔργοις, ὁ Θεὸς καὶ πατὴρ τοῦ ἁγίου παιδός σου Ἰησοῦ τοῦ σωτῆρος ἡμῶν, ἐπίβλεψον ἐφ' ἡμᾶς καὶ ἐπὶ τὸ ποίμνιόν σου τοῦτο, ὃ δι' αὐτοῦ ἐξελέξω εἰς δόξαν τοῦ ὀνόματός σου, καὶ ἁγιάσας ἡμῶν τὸ σῶμα καὶ τὴν ψυχὴν καταξίωσον, καθαροὺς

2 Cor. vii. 1.

γενομένους ἀπὸ παντὸς μολυσμοῦ σαρκὸς καὶ πνεύματος, τυχεῖν τῶν προκειμένων ἀγαθῶν· καὶ μηδένα ἡμῶν ἀνάξιον κρίνῃς, ἀλλὰ βοηθὸς ἡμῶν γενοῦ, ἀντιλήπτωρ, ὑπερασπιστής, διὰ τοῦ Χριστοῦ σου, μεθ' οὗ σοὶ δόξα, τιμή, αἶνος, δοξολογία, εὐχαριστία, καὶ τῷ ἁγίῳ Πνεύματι εἰς τοὺς αἰῶνας· ἀμήν.

Clementine Liturgy. 21

Καὶ μετὰ τὸ πάντας εἰπεῖν ἀμήν, ὁ διάκονος λεγέτω· **XVI.**
Πρόσχωμεν.

Καὶ ὁ ἐπίσκοπος προσφωνησάτω τῷ λαῷ οὕτω· Sancta Sanctis.
  Τὰ ἅγια τοῖς ἁγίοις.

Καὶ ὁ λαὸς ὑπακουέτω·
Εἷς ἅγιος, εἷς Κύριος, εἷς Ἰησοῦς Χρίστος, εἷς δόξαν Θεοῦ πατρός, εὐλογητὸς εἰς τοὺς αἰῶνας· ἀμήν. Δόξα ἐν ὑψίστοις Luke ii. 14. Θεῷ, καὶ ἐπὶ γῆς εἰρήνη, ἐν ἀνθρώποις εὐδοκία. Ὡσαννὰ τῷ υἱῷ Matt. xxi. 9. Δαβίδ, εὐλογημένος ὁ ἐρχόμενος ἐν ὀνόματι Κυρίου. Θεὸς Κύριος Ps. cxviii. 27. καὶ ἐπεφάνη ἡμῖν. Ὡσαννὰ ἐν τοῖς ὑψίστοις.

Καὶ μετὰ τοῦτο μεταλαμβανέτω ὁ ἐπίσκοπος· ἔπειτα οἱ πρεσβύτεροι καὶ **XVII.**
οἱ διάκονοι καὶ ὑποδιάκονοι καὶ οἱ ἀναγνῶσται καὶ οἱ ψάλται καὶ οἱ ἀσκηταί, Communion.
καὶ ἐν ταῖς γυναιξὶν αἱ διακόνισσαι καὶ αἱ παρθένοι καὶ αἱ χῆραι, εἶτα τὰ παιδία, καὶ τότε πᾶς ὁ λαὸς κατὰ τάξιν μετὰ αἰδοῦς καὶ εὐλαβείας ἄνευ θορύβου.

Καὶ ὁ μὲν ἐπίσκοπος διδότω τὴν προσφοράν, λέγων·
Σῶμα Χριστοῦ.

Καὶ ὁ δεχόμενος λεγέτω·
Ἀμήν.

Ὁ δὲ διάκονος κατεχέτω τὸ ποτήριον καὶ ἐπιδιδοὺς λεγέτω·
Αἷμα Χριστοῦ, ποτήριον ζωῆς.

Καὶ ὁ πίνων λεγέτω·
Ἀμήν.

Ψαλμὸς δὲ λεγέσθω τριακοστὸς τρίτος ἐν τῷ μεταλαμβάνειν πάντας τοὺς λοιπούς· καὶ ὅταν πάντες μεταλάβωσι καὶ πᾶσαι, λαβόντες οἱ διάκονοι τὰ περισσεύσαντα εἰσφερέτωσαν εἰς τὰ παστοφόρια.

Καὶ ὁ διάκονος λεγέτω, παυσαμένου τοῦ ψάλλοντος· **XVIII.** a
Μεταλαβόντες τοῦ τιμίου σώματος καὶ τοῦ τιμίου αἵματος τοῦ Bidding to
Χριστοῦ, εὐχαριστήσωμεν τῷ καταξιώσαντι ἡμᾶς μεταλαβεῖν τῶν Thanksgiving after
ἁγίων αὐτοῦ μυστηρίων, καὶ παρακαλέσωμεν μὴ εἰς κρίμα ἀλλ' Reception.
εἰς σωτηρίαν ἡμῖν γενέσθαι, εἰς ὠφέλειαν ψυχῆς καὶ σώματος, εἰς φυλακὴν εὐσεβείας, εἰς ἄφεσιν ἁμαρτιῶν, εἰς ζωὴν τοῦ μέλλοντος αἰῶνος.

Ἐγειρώμεθα. Ἐν χάριτι Χριστοῦ ἑαυτοὺς τῷ Θεῷ, τῷ μόνῳ b
ἀγεννήτῳ Θεῷ, καὶ τῷ Χριστῷ αὐτοῦ παραθώμεθα.

XVIII. c

Thanksgiving.

Καὶ ὁ ἐπίσκοπος εὐχαριστείτω·

Δέσποτα ὁ Θεὸς ὁ παντοκράτωρ, ὁ πατὴρ τοῦ Χριστοῦ σου τοῦ εὐλογητοῦ παιδός, ὁ τῶν μετ' εὐθύτητος ἐπικαλουμένων σε ἐπήκοος, ὁ καὶ τῶν σιωπώντων ἐπιστάμενος τὰς ἐντεύξεις· εὐχαριστοῦμέν σοι, ὅτι κατηξίωσας ἡμᾶς μεταλαβεῖν τῶν ἁγίων σου μυστηρίων, ἃ παρέσχου ἡμῖν, εἰς πληροφορίαν τῶν καλῶς ἐγνωσμένων, εἰς φυλακὴν τῆς εὐσεβείας, εἰς ἄφεσιν πλημμελημάτων· ὅτι τὸ ὄνομα τοῦ Χριστοῦ σου ἐπικέκληται ἐφ' ἡμᾶς, καὶ σοὶ προσῳκειώμεθα. Ὁ χωρίσας ἡμᾶς τῆς τῶν ἀσεβῶν κοινωνίας, ἕνωσον ἡμᾶς μετὰ τῶν καθωσιωμένων σοι, στήριξον ἡμᾶς ἐν τῇ ἀληθείᾳ τῇ τοῦ ἁγίου Πνεύματος ἐπιφοιτήσει· τὰ ἀγνοούμενα ἀποκάλυψον, τὰ λείποντα προσαναπλήρωσον, τὰ ἐγνωσμένα κράτυνον. Τοὺς ἱερεῖς ἀμώμους διαφύλαξον ἐν τῇ λατρείᾳ σου· τοὺς βασιλεῖς διατήρησον ἐν εἰρήνῃ, τοὺς ἄρχοντας ἐν δικαιοσύνῃ· τοὺς ἀέρας ἐν εὐκρασίᾳ, τοὺς καρποὺς ἐν εὐφορίᾳ, τὸν κόσμον ἐν παναλκεῖ προνοίᾳ. Τὰ ἔθνη τὰ πολεμικὰ πράϋνον, τὰ πεπλανημένα ἐπίστρεψον· τὸν λαόν σου ἁγίασον· τοὺς ἐν παρθενίᾳ διατήρησον· τοὺς ἐν γάμῳ διαφύλαξον ἐν πίστει· τοὺς ἐν ἁγνείᾳ ἐνδυνάμωσον· τὰ νήπια ἄδρυνον· τοὺς νεοτελεῖς βεβαίωσον· τοὺς ἐν κατηχήσει παίδευσον, καὶ τῆς μυήσεως ἀξίους ἀνάδειξον. καὶ πάντας ἡμᾶς ἐπισυνάγαγε εἰς τὴν τῶν οὐρανῶν βασιλείαν, ἐν Χριστῷ Ἰησοῦ τῷ Κυρίῳ ἡμῶν· μεθ' οὗ σοὶ δόξα, τιμὴ καὶ σέβας, καὶ τῷ ἁγίῳ Πνεύματι, εἰς τοὺς αἰῶνας· ἀμήν.

Καὶ ὁ διάκονος λεγέτω·

Benediction.

Τῷ Θεῷ διὰ τοῦ Χριστοῦ αὐτοῦ κλίνατε καὶ εὐλογεῖσθε.

Καὶ ὁ ἐπίσκοπος ἐπευχέσθω, λέγων·

d

Ὁ Θεὸς ὁ παντοκράτωρ, ὁ ἀληθινὸς καὶ ἀσύγκριτος, ὁ πανταχοῦ ὢν καὶ τοῖς πᾶσι παρὼν καὶ ἐν οὐδενὶ ὡς ἐνόν τι ὑπάρχων, ὁ τόποις μὴ περιγραφόμενος, ὁ χρόνοις μὴ παλαιούμενος, ὁ αἰῶσι μὴ περατούμενος, ὁ λόγοις μὴ παραγόμενος, ὁ γενέσει μὴ ὑποκείμενος, ὁ φυλακῆς μὴ δεόμενος, ὁ φθορᾶς ἀνώτερος, ὁ τροπῆς

1 Tim. vi. 16. ἀνεπίδεκτος, ὁ φύσει ἀναλλοίωτος, **ὁ φῶς οἰκῶν ἀπρόσιτον**, ὁ τῇ φύσει ἀόρατος, ὁ γνωστὸς πάσαις ταῖς μετ' εὐνοίας ἐκζητούσαις σε λογικαῖς φύσεσιν, ὁ καταλαμβανόμενος ὑπὸ τῶν ἐν εὐνοίᾳ

Clementine Liturgy. 23

ἐπιζητούντων σε· ὁ Θεὸς Ἰσραήλ, τοῦ ἀληθινῶς ὁρῶντος, τοῦ **XVIII. d**
εἰς Χριστὸν πιστεύσαντος λαοῦ σου· εὐμενὴς γενόμενος ἐπά-
κουσόν μου διὰ τὸ ὄνομά σου, καὶ εὐλόγησον τούς σοι κεκλι-
κότας τοὺς ἑαυτῶν αὐχένας, καὶ δὸς αὐτοῖς τὰ αἰτήματα τῶν
καρδιῶν αὐτῶν τὰ ἐπὶ συμφέροντι, καὶ μηδένα αὐτῶν ἀπόβλητον
ποιήσῃς ἐκ τῆς βασιλείας σου, ἀλλὰ ἁγίασον αὐτούς, φρούρησον,
σκέπασον, ἀντιλαβοῦ, ῥῦσαι τοῦ ἀλλοτρίου καὶ παντὸς ἐχθροῦ,
τοὺς οἴκους αὐτῶν φύλαξον, τὰς εἰσόδους αὐτῶν καὶ τὰς ἐξόδους
φρούρησον· ὅτι σοὶ δόξα, αἶνος, μεγαλοπρέπεια, σέβας, προσ-
κύνησις, καὶ τῷ σῷ παιδὶ Ἰησοῦ τῷ Χριστῷ σου, τῷ Κυρίῳ ἡμῶν
καὶ Θεῷ καὶ βασιλεῖ, καὶ τῷ ἁγίῳ Πνεύματι, νῦν καὶ ἀεὶ καὶ εἰς
τοὺς αἰῶνας τῶν αἰώνων· ἀμήν.

Καὶ ὁ διάκονος ἐρεῖ· **XIX.**
Ἀπολύεσθε ἐν εἰρήνῃ. Dismissal.

NOTE.

In the Apostolical Constitutions (Lib. II. c. 57) is given another account of the Eucharistic service. As this supplies more details about the earlier part of the office, in which the Clementine Liturgy is deficient; being itself again deficient in the later part, where that is full; it has been suggested (e. g. by Prof. Bickell in 'Messe und Pascha,' p. 4) that the two accounts should be combined to give the complete Liturgy. That the Clementine Liturgy needs supplementing in some such manner is obvious; and this other account is probably a fair representative of the order contemporaneously used for the pro-anaphoral part of the service: but the two documents, as they stand, are not consistent enough with each other to admit of being looked upon as forming together a simple whole. For instance, the Bidding Prayer of the Deacon, the Kiss of Peace, and the Entrance of the Elements occur in a different order in the two documents: nor is the Mosaic Benediction, which is distinctly enjoined in the earlier document, to be found in the Clementine Liturgy.

CONSTITT. APOST. Lib. II. c. 57.

Εἰς τὸ ἕτερον μέρος οἱ λαϊκοὶ καθεζέσθωσαν μετὰ πάσης εὐταξίας καὶ ἡσυχίας· καὶ αἱ γυναῖκες κεχωρισμένως καὶ αὐταὶ καθεζέσθωσαν σιωπὴν ἄγουσαι. Μέσος δὲ ὁ ἀναγνώστης ἐφ' ὑψηλοῦ τινος ἑστὼς ἀναγινωσκέτω τὰ Μωσέως καὶ Ἰησοῦ τοῦ Ναυή, τὰ τῶν κριτῶν καὶ τῶν βασιλείων, τὰ τῶν παραλειπομένων καὶ τὰ τῆς ἐπανόδου, πρὸς τούτοις τὰ τοῦ Ἰὼβ καὶ τὰ

Σολομῶντος καὶ τὰ τῶν ἑκκαίδεκα προφητῶν. Ἀνὰ δύο δὲ γενομένων ἀναγνωσμάτων, ἕτερός τις τοὺς τοῦ Δαβὶδ ψαλλέτω ὕμνους, καὶ ὁ λαὸς τὰ ἀκροστίχια ὑποψαλλέτω. Μετὰ τοῦτο αἱ πράξεις αἱ ἡμέτεραι ἀναγινωσκέσθωσαν καὶ αἱ ἐπιστολαὶ Παύλου τοῦ συνεργοῦ ἡμῶν, ἃς ἐπέστειλε ταῖς ἐκκλησίαις καθ᾽ ὑφήγησιν τοῦ ἁγίου πνεύματος. Καὶ μετὰ ταῦτα διάκονος ἢ πρεσβύτερος ἀναγινωσκέτω τὰ εὐαγγέλια. ... Καὶ ὅταν ἀναγινωσκόμενον ᾖ τὸ εὐαγγέλιον, πάντες οἱ πρεσβύτεροι καὶ οἱ διάκονοι καὶ πᾶς ὁ λαὸς στηκέτωσαν μετὰ πολλῆς ἡσυχίας. ... Καὶ ἑξῆς παρακαλείτωσαν οἱ πρεσβύτεροι τὸν λαόν, ὁ καθεὶς αὐτῶν ἀλλὰ μὴ ἅπαντες, καὶ τελευταῖος πάντων ὁ ἐπίσκοπος. ... Στηκέτωσαν δὲ οἱ μὲν πυλωροὶ εἰς τὰς εἰσόδους τῶν ἀνδρῶν φυλάσσοντες αὐτάς, αἱ δὲ διάκονοι εἰς τὰς τῶν γυναικῶν. ... Καὶ μετὰ τοῦτο συμφώνως ἅπαντες ἐξαναστάντες καὶ ἐπ᾽ ἀνατολὰς κατανοήσαντες, μετὰ τὴν τῶν κατηχουμένων καὶ τὴν τῶν μετανοούντων ἔξοδον, προσευξάσθωσαν τῷ Θεῷ τῷ ἐπιβεβηκότι ἐπὶ τὸν οὐρανὸν τοῦ οὐρανοῦ κατὰ ἀνατολάς, ὑπομιμνησκόμενοι καὶ τῆς ἀρχαίας νομῆς τοῦ κατὰ ἀνατολὰς παραδείσου, ὅθεν ὁ πρῶτος ἄνθρωπος, ἀθετήσας τὴν ἐντολὴν, ὄφεως συμβουλίᾳ πεισθείς, ἀπεβλήθη. Οἱ δὲ διάκονοι μετὰ τὴν προσευχὴν οἱ μὲν τῇ προσφορᾷ τῆς εὐχαριστίας σχολαζέτωσαν ὑπηρετούμενοι τῷ τοῦ Κυρίου σώματι μετὰ φόβου, οἱ δὲ τοὺς ὄχλους διασκοπείτωσαν καὶ ἡσυχίαν αὐτοῖς ἐμποιείτωσαν. Λεγέτω δὲ ὁ παρεστὼς τῷ ἱερεῖ διάκονος τῷ λαῷ· Μή τις κατὰ τινός, μή τις ἐν ὑποκρίσει. Εἶτα καὶ ἀσπαζέσθωσαν ἀλλήλους οἱ ἄνδρες καὶ ἀλλήλας αἱ γυναῖκες τὸ ἐν Κυρίῳ φίλημα, ἀλλὰ μή τις δολίως, ὡς ὁ Ἰούδας τὸν Κύριον φιλήματι παρέδωκεν. Καὶ μετὰ τοῦτο προσευχέσθω ὁ διάκονος ὑπὲρ τῆς ἐκκλησίας πάσης καὶ παντὸς τοῦ κόσμου καὶ τῶν ἐν αὐτῷ μερῶν καὶ ἐκφορίων, ὑπὲρ τῶν ἱερέων καὶ τῶν ἀρχόντων, ὑπὲρ τοῦ ἀρχιερέως καὶ τοῦ βασιλέως καὶ τῆς καθόλου εἰρήνης. Καὶ μετὰ τοῦτο ὁ ἀρχιερεὺς ἐπευχόμενος τῷ λαῷ εἰρήνην εὐλογείτω τοῦτον, ὡς καὶ Μωσῆς ἐνετείλατο τοῖς ἱερεῦσιν εὐλογεῖν τὸν λαὸν τούτοις τοῖς ῥήμασιν· Εὐλογήσαι σε κύριος καὶ φυλάξαι σε· ἐπιφάναι Κύριος τὸ πρόσωπον αὐτοῦ ἐπὶ σὲ καὶ ἐλεήσαι σε· ἐπάραι Κύριος τὸ πρόσωπον αὐτοῦ ἐπὶ σὲ καὶ δῴη σοι εἰρήνην. Ἐπευχέσθω οὖν καὶ ὁ ἐπίσκοπος καὶ λεγέτω· Σῶσον τὸν λαόν σου, Κύριε, καὶ εὐλόγησον τὴν κληρονομίαν σου, ἣν ἐκτήσω καὶ περιεποιήσω τῷ τιμίῳ αἵματι τοῦ χριστοῦ σου καὶ ἐκάλεσας βασίλειον ἱεράτευμα καὶ ἔθνος ἅγιον. Μετὰ δὲ ταῦτα γινέσθω ἡ θυσία, ἑστῶτος παντὸς τοῦ λαοῦ καὶ προσευχομένου ἡσύχως· καὶ ὅταν ἀνενεχθῇ, μεταλαμβανέτω ἑκάστη τάξις καθ᾽ ἑαυτὴν τοῦ κυριακοῦ σώματος καὶ τοῦ τιμίου αἵματος, μετὰ αἰδοῦς καὶ εὐλαβείας.

www.ingramcontent.com/pod-product-compliance
Lightning Source LLC
Chambersburg PA
CBHW031255230426
43670CB00005B/204